세일즈는 전략이다

세일즈는 전략이다

초판 1쇄 인쇄일 | 2020년 09월 05일
초판 1쇄 발행일 | 2020년 09월 15일

지은이 | 오정환, 박신덕
펴낸이 | 김진성
펴낸곳 | 헤르테

편 집 | 박부연
디자인 | 장재승
관 리 | 정보해

출판등록 | 2005년 2월 21일 제2016-000006
주 소 | 경기도 수원시 장안구 팔달로237번길 37, 303호(영화동)
대표전화 | 031) 323-4421
팩 스 | 031) 323-7753
홈페이지 | www.heute.co.kr
전자우편 | kjs9653@hotmail.com

값 14,000원
ISBN 978-89-93132-73-1 03320

최고의 세일즈 리더는 어떻게 만들어지는가?

세일즈는 전략이다

오정환 · 박신덕 지음

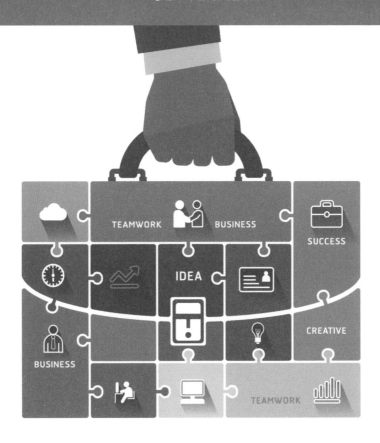

차례

설레는 영업,
그 새로운 시작을 위하어

열심히 일하지 않는 영업인들이 꼭 운이 없다고 말한다. 높은 성과
를 올리는 영업인, 즉 고성과 영업인은 아는 사람이 많아서, 혹은 특
별히 남달라서 그렇다고 생각한다. 타고난 재주가 있다고도 한다.
그러나 영업에 운명 같은 것은 없다. 운명이 있더라도 본인의 발걸
음으로 개척할 목표일 뿐 앞을 가로막는 장애물은 아니다.

열심히 일하는 영업인과 이야기를 나누어보면 높은 성과로 고소
득을 올리려는 욕구가 강하다. 그들은 이런 질문을 한다.

"더 좋은 방법이 없을까요?"

이 질문은 우리가 이 책을 집필하는 계기가 되었다. 좋은 방법은
많다. 시중에는 세일즈 관련 책이 차고 넘친다. 전설처럼 회자되는
영업왕이 쓴 책도 있고, 공부깨나 한 사람이 쓴 책도 많다. 그런데도
영업인들은 자꾸 묻는다.

"뭐 좋은 방법이 없을까요?"

여기 좋은 방법이 있다. 이 책은 읽기 쉽도록 꼭지 분량을 적게 배분했다. 책과 별로 친하지 않은 영업인이라도 하루 한두 꼭지는 읽을 수 있을 것이다. 그러나 책을 읽는다고 갑자기 영업 기술이 쑥쑥 발전하는 것은 아니다. 사전에 연습을 많이 하고 상담도 많이 하다 보면 실력이 늘고 몸에 밴다.

1장은 영업인이 갖추어야 할 정신력과 자세를 다룬다. 세일즈 기술이 좋아도 불성실한 자세와 나태한 정신력으로는 좋은 성과를 거둘 수 없다. 좋은 성과를 내려면 어떤 자세와 태도가 필요한지, 정신력은 어떻게 키우는지, 신뢰감을 주는 이미지는 어떻게 가꾸고 발휘해야 하는지 설명한다.

2장은 목표와 계획을 세우는 방법에 대해 다룬다. 명확한 목표와 실천 계획 없이는 고성과 영업인으로 성장하지 못한다. 목표와 계획을 실행하는 과정에서 포기하고 싶은 충동이나 뒤로 미루고 싶은 유혹을 이기는 방법도 소개한다.

3장은 가망고객을 확보하고 접근하는 방법과 고객관리 방법을 다룬다. 영업인에게 고객은 생명줄이다. 가망고객을 발굴하는 일을 한 순간도 잊어서는 안 된다. 고객이 없으면 당연히 세일즈를 하지 못하고 돈도 벌지 못한다. 가망고객이 있다고 해서 무조건 들이대는 방법은 구식이다. 사전 준비 없이 고객을 만나면 실패 경험만 늘어날 뿐이다. 고객을 만나기 전에 무엇을 준비해야 하는지, 아울러 고객관리는 어떻게 하는지, 불만고객은 어떻게 대처하는지 그 방법들을 알 수 있다.

4장은 세일즈 기술을 다룬다. 고객을 처음 만날 때부터 마무리할 때까지 상담 기법 전부를 익힐 수 있다. 열정만으로 세일즈를 하면 성과가 신통치 않고 쉽게 지친다. 세일즈 기술이 필요한 이유다. 어떻게 하면 가망고객의 구매욕구를 자극할지, 어떤 말을 하면 고객에게 확신을 심어줄지, 의심하거나 망설이는 고객은 어떻게 대처하는지, 가격 문제는 어떻게 다루는지 그 방법들을 알 수 있다.

5장은 리크루팅 방법과 조직관리 방법을 다룬다. 리크루팅이 승진과 급여에 많은 영향을 끼치는 영업조직이 있다. 영업관리자에게 필요한 내용이니 본인과 상관없다고 생각하면 안 된다. 지금은 세일즈를 하지만 나중에 영업관리자가 될 수 있으니 무관한 이야기가 아니다. 리크루팅을 하는 방법, 신인 영업인을 육성하는 방법, 성과를 높이는 조직관리 방법을 소개한다.

이 책을 읽고 세일즈의 기초를 닦는다면 고객을 만나러 가는 길이 설렘 그 자체가 될 것이다.

너를 기다리는 동안

황지우

네가 오기로 한 그 자리에
내가 미리 가 너를 기다리는 동안
다가오는 모든 발자국은
내 가슴에 쿵쿵거린다
바스락거리는 나뭇잎 하나도 다 내게 온다
기다려본 적이 있는 사람은 안다
세상에서 기다리는 일처럼 가슴 애리는 일 있을까
네가 오기로 한 그 자리, 내가 미리 와 있는 이곳에서
문을 열고 들어오는 모든 사람이
너였다가
너였다가, 너일 것이었다가
다시 문이 닫힌다

사랑하는 이여
오지 않는 너를 기다리며
마침내 나는 너에게 간다
아주 먼 곳에서 나는 너에게 가고
아주 오랜 세월을 다하여 너는 지금 오고 있다
아주 먼 데서 지금도 천천히 오고 있는 너를

너를 기다리는 동안 나도 가고 있다
남들이 열고 들어오는 문을 통해

내 가슴에 쿵쿵거리는 모든 발자국 따라
너를 기다리는 동안 나는 너에게 가고 있다

고객과 연애하듯 일한다면 이 시와 같은 일들이 자연스러울 것이다. 고객과 만나는 일이 설레고 가슴이 쿵쿵댄다면 성과는 물어 무엇 하랴. 고객도 당신을 기다릴 때 가슴이 쿵쿵거린다면 세일즈 기술이 왜 필요하겠는가.

오정환, 박신덕

1장

잘 구워진 빵 같은 영업인이 되어라

적당한 불길이
필요하다

빵을 생각하면 무엇이 떠오르는가? 아마 구수함이 생각날 것이다. 제과점 앞을 지나갈 때 빵 굽는 냄새를 맡아보았는가? 마치 식욕을 자극하는 구수한 냄새를 흘려보내 손님을 유인하는 것 같다. 구수함은 이렇게 사람을 끌어당기는 매력이 있다.

영업인도 사람을 끌어당기는 구수한 맛이 없으면 좋은 성과를 내기 어렵다. 고객 신뢰를 바탕으로 성과를 내는 영업인은 속까지 잘 구워진 빵처럼 구수한 인간미가 있다. 류시화 시인이 쓴 '빵'이라는 시를 감상해보자.

내 앞에 빵이 하나 있다
잘 구워진 빵
적당한 불길을 받아

앞뒤로 골고루 익혀진 빵

그것이 어린 밀이었을 때부터

태양의 열기에 머리가 단단해지고

덜 여문 감정은

바람이 불어와 뒤채이게 만들었다

그리고 또 제분기가 그것의

아집을 낱낱이 깨뜨려 놓았다

나는 너무 한쪽에만 치우쳐 살았다

저 자신만 생각하느라고

제대로 익을 겨를이 없었다

내 앞에 빵 하나 있다

속까지

잘 구워진 빵

영업인에게도 잘 구워진 빵처럼 '적당한 불길'이 필요하다. 적당한 불길은 영업인을 키우는 적당한 환경이 되어준다. 조직관리자가 누구인지에 따라, 조직문화가 어떤지에 따라 평범한 영업인을 훌륭하게 육성하기도 하고 그렇지 못하기도 한다. 일을 하고 싶어도 조직이나 관리자를 잘못 만나면 얼마 못 하고 포기한다. 세일즈를 처음 시작할 때 좋은 회사나 좋은 영업조직을 고르는 일이 중요한 이유다. 환경에 구애받지 않고 좋은 성과를 내는 영업인도 있지만 대부분은 능력 있는 관리자를 만났을 때 좋은 성과를 낸다.

처음 세일즈를 시작할 때 적당한 불길이 있는지 없는지, 일을 열심히 하도록 동기부여를 잘해주는 조직인지 아닌지 따져보아야 한다. 다음 사항을 점검해보면 판단할 수 있다.

- 관리자 혹은 다른 영업인이 관심을 보여주는가?
- 함께 일하는 영업인들이 일에 헌신하는가?
- 발전을 격려해주는 사람이 있는가?
- 성장할 만한 환경인가?
- 교육 프로그램은 잘 짜여 있는가?

이러한 조건들이 영업인이 성장할 수 있는 '적당한 불길'이다. 당신은 어떤 경로로 이 책을 손에 넣게 되었는가? 영업관리자가 먼저 읽어보고 권했다면 당신은 적당한 불길을 받고 있는 행운아다. 적당한 불길이 부족한 영업조직에 속해 있다면 어떻게 해야 할까? 조직에 대해 불평하고 관리자를 험담하는 태도는 옳지 않다. 스스로 해야 할 마땅한 일은 게을리하면서 이런저런 불평을 늘어놓는 영업인은 조직을 파괴하는 사람이다. 열심히 일하는 영업인까지 사기를 떨어뜨린다.

만약 내가 속한 조직이 그렇다면 그만두어야 할까? 그렇지 않다. 스스로 적당한 불길을 만들면 된다. 만약 당신이 서점에 가거나 인터넷으로 검색하여 이 책을 구입했다면 훌륭한 영업인이 될 자질이 충분하다. 이 책에는 영업인 스스로 동기를 부여하는 여러 가지 방법이 나와 있기 때문이다.

태양의 열기에
머리가 단단해지듯

좋은 빵이 되려면 어린 밀이었을 때부터 뙤약볕을 견디며 알갱이가 단단하게 여물어야 한다. 영업인도 처음 세일즈를 시작할 때부터 이런저런 어려움을 견디며 정신력을 키워야 훌륭하게 성장한다. 세일즈는 상처받기도 쉽고 자존심 상하는 일도 많다. 침체기가 찾아오면 금방이라도 그만두고 싶은 생각이 든다. 성공한 영업인 사례를 보면 뙤약볕 같은 순간순간을 잘 견뎌냈기에 오늘에 이르렀구나 하는 생각이 든다.

당신 주변에도 고소득을 올리는 영업인이 꽤 있을 것이다. 그중에는 처음 출근할 때 교통비가 없어서 출근할까 말까를 고민할 정도로 어려운 처지에 있던 영업인도 분명 있을 것이다. 세일즈를 시작하고 세월이 흐른 지금은 어떤가? 상상하는 그대로다. 고소득 영업인이 저절로 그런 위치에 올라갔을까? 포기하고 싶은 순간이 없었을까?

당신이 겪는 어려움이 고소득 영업인에게는 없었을까? 그렇지 않다.

많은 영업인이 고소득 영업인을 부러워한다. 결혼을 하고 임신과 출산으로 일을 쉬었다가 다시 나온 경력단절 여성이 고소득을 올리는데 부럽지 않으면 이상하다. 명문 대학을 졸업하고 잘나가는 자격증 서너 개 정도는 있어야 가능한 고소득은 세일즈가 아니면 불가능하다. 남성도 마찬가지다. 나이도 어린데 대기업 임원이나 중소기업 사장보다도 더 많은 소득을 올리는 영업인이 있다. 경험을 바탕으로 책을 내고, 명강사로 활약하는 영업인도 있다.

문제는 많은 영업인이 고소득 영업인을 부러워만 하고 끝난다는 것이다. 본인과는 다른 세계 사람으로 생각한다. 그들이 겪은 판매의 어려움, 두려움, 절망감을 이기지 못하기 때문이다. 태양의 열기를 견디지 못하니 단단해질 리 만무하다. 일부러 어려운 일을 만들 필요는 없지만 어쩔 수 없이 맞닥뜨렸다면 그것을 헤쳐 나가야 단단해지는 법이다. 소득은 그 후에 얻는 열매다.

어려운 순간과 맞닥뜨렸을 때, 당신 머릿속에는 어떤 생각이 드는가? 문제에 초점을 맞추면 머릿속은 나쁜 생각으로 넘쳐난다.

'이렇게 세일즈해서 밥이나 먹고 살겠나.'

'역시 나는 세일즈 체질이 아냐.'

'나는 왜 이렇게 되는 일이 없을까.'

'나가봐야 되지도 않을 텐데 뭐 하러 나가나.'

'스트레스 받으면서 굳이 세일즈를 해야 하나?'

이렇게 무기력한 생각을 계속한다고 가정해보자. 무기력한 생각으로는 좋은 결과를 얻을 수 없다. 무기력한 생각으로 머릿속이 꽉 찬 영업인이 크게 성장하는 모습을 본 적이 없다. 성공한 영업인은 문제에 초점을 맞추지 않는다. 어떻게 하면 그 문제를 풀 수 있을지 그 해결 방법에 초점을 맞춘다. 그들은 이렇게 생각한다.

'다음번에는 어떻게 하면 좋은 결과를 낼까?'
'더 좋은 방법은 뭐지?'
'다른 방법은 없을까?'
'어떻게 하면 이번 달 목표를 달성할까?'
'까다로운 고객에게 어떻게 하면 신뢰를 얻을까?'
'고객을 설득하려면 어떻게 해야 할까?'

문제를 해결하도록 도와주는 생각들이다. 바람직한 생각은 좋은 결과를 낳고, 결국 성공으로 안내한다. 나쁜 생각은 나쁜 결과를 낳고, 결국 구렁텅이로 빠뜨린다.

'태양의 열기'가 뜨겁더라도 피하지 말자. 포기하면 안 된다. 견뎌야 단단해진다. 당신이 할 일은 포기가 아니라 해결이다. 고통과 어려움이 당신을 잘 구워진 빵 같은 영업인으로 만들어준다.

덜 여문 감정은
바람에 날려 보내라

감정을 다스리지 못하면 구수한 영업인이 될 수 없다. 일희일비하지 않는 평정심이 잘 구워진 빵처럼 구수한 영업인을 만든다. 세일즈는 매달 마감을 하며 성과를 내야 하므로 다른 직업군에 비해 스트레스가 심하다. 고성과 영업인은 세일즈 과정에서 마음이 상하더라도 훌훌 털고 일어난다. 고객이 불만을 제기해도 귀찮아하지 않는다. 고객과 불필요한 논쟁도 하지 않으며 고객의 감정을 가라앉히려고 노력한다. 고객이 화를 낸다고 같이 화를 내고, 고객이 목소리를 높인다고 같이 목소리를 높여서는 구수한 영업인이 될 수 없다. 세일즈를 하면서 즐겁게 하느냐 괴롭게 하느냐는 자신의 감정 조절에 달려 있다.

영업인도 사람인지라 감정이 상할 때가 있다. 심한 스트레스로 우울 증세를 보일 수도 있다. 이럴 때는 어떻게 해야 할까? 심리학자 윌

리엄 제임스는 이미 100여 년 전《심리학의 원리》에서 가설을 세웠다. 기분이 나쁠 때 일부러 입술을 올리며 미소 짓고, 벌떡 일어나 신나는 생각을 하며, 활기차게 움직이면 좋은 감정 상태를 만들 수 있다는 것이다. 그야말로 가설일 뿐이었던 이 이론은 제임스 레어드라는 심리학자의 실험에 의해 사실로 증명되는데, 그의 실험 결과는 정말 놀라웠다. 제임스가 예측한 그대로 웃는 표정을 지으면 행복을 느끼고 찡그리면 분노를 느꼈다.

이러한 연구 결과에 관심을 보인 또 다른 심리학자는 미국 캘리포니아대학교의 폴 에크만 교수다. 에크만은 단순한 표정 변화로 감정을 바꿀 수 있다는 사실에 호기심을 느꼈다. 표정과 감정 상태의 상관관계를 깊이 연구한 그는 특정 표정을 지으면 감정에 변화를 일으킨다는 사실을 밝혀냈다.

감정 상태는 뇌 일부에 변화를 일으켜 심장박동률, 호흡, 땀 분비를 비롯하여 몸에 많은 변화를 준다. 감정은 또한 신호를 내보내서 표정, 목소리, 몸짓에 변화를 일으키기도 한다. 그 변화는 우리가 선택할 수 없으며, 지극히 자연스럽게 일어난다. 여기서 감정이 표정, 목소리, 몸짓에 변화를 일으킨다는 사실에 주목하자. 에크만은 반대로 표정, 목소리, 몸짓에 변화를 주면 감정 상태를 바꿀 수 있다고 결론지었다. 이 말은 불쾌할 때라도 기분 좋을 때 짓는 표정을 지으면 기분이 풀린다는 뜻이다. 이후 많은 심리학자가 연구하여 밝혀낸 사실들을 살펴보자.

- 씩씩하게 걸으면 행복감이 높아진다.
- 춤과 같은 부드러운 동작은 행복감을 높여준다.
- 부드러운 악수를 하면 높은 행복감을 느낀다.

　상한 감정을 바람에 날려 보내려면 일부러라도 입술 끝을 올리며 미소를 지어보자. 어깨를 펴고 씩씩하게 걸어보자. 크게 한번 웃어보자. 나쁜 감정을 오랫동안 품고 있어봐야 본인만 손해다.

끓어오르는 감정을
조절하는 법

분노가 끓어오르는 상황에서는 어떻게 감정을 조절해야 할까? 감정을 억제하지 못하고 기분대로 행동하면 후회할 일만 남는다. 세일즈 활동에서 감정 폭발은 대부분 대화 중에 일어난다. 대화가 원만하게 풀리지 않으면 말다툼을 시작하는데, 바로 이 순간을 잘 대처해야 한다.

분노를 느끼면 우리 몸에는 스트레스 호르몬이 쏟아져 나온다. 스트레스 호르몬은 심장박동을 빠르게 하고 격분하게 만든다. 정신과 육체 모두에 좋지 않지만 몸은 의식하지 못하는 사이에 자동으로 변해간다. 이때 '일단 멈춤'을 기억하자. 평소 감정을 있는 그대로 표현하는 언행으로 실수가 잦다면 이 방법이 아주 유용하다. 눈에 뵈는 게 없는 '무분별'한 상황에서 분별력을 갖도록 도와준다. 무의식 단계를 의식 단계로 바꿔놓는 멈춤이다. 자신도 모르게 하던 행동을 자신이 의식할 수 있는 수준으로 되돌리는 과정이다.

어떤 상황이 당신을 분노하게 한다면 즉각 말을 쏟아내거나 행동하지 말고 일단 멈춘 뒤 그 순간을 벗어나보자. 산책을 해도 좋고 심호흡을 해도 좋다. 은은한 미소를 지으며 입꼬리를 올리기만 해도 기분이 나아진다. 기분이 안 좋다는 생각이 들 때마다 은은한 미소를 지으며 조용히 숨을 들이마시고 내쉬는 것을 세 번 반복한다. 미워하거나 만나고 싶지 않은 고객을 생각하는 동안에는 먼저 조용히 앉아 은은한 미소를 짓는다. 자신을 가장 괴롭게 했던 고객의 이미지를 상상해본다. 가슴속에서 고객의 기분에 공감하고 분노와 원한이 점차 사라질 때까지 은은한 미소 짓기를 계속한다.

'덜 여문 감정은 바람이 불어와 채가게 하여' 날려버리는 것이 좋다. 그러면 5분 후 후회할 일을 막을 수 있다. 까다로운 고객이 감정을 상하게 한다면 일단 멈추어 서서 질문 하나를 해보자.

"내가 진정 바라는 것이 무엇인가?"

당신이 지금 고객과 대화하는 이유는 무엇인가? 판매다. 그런데 고객과 논쟁하고, 고객과 다투어 판매에 실패한다면 누가 손해일까? 고객은 다른 영업인을 찾으면 된다. 당신은 고객을 한 명 잃었다. 그렇다고 비굴해지라는 말은 아니다. 이길 수 있을 때 져주라는 뜻이다. 감정이 격해지는 순간 평정심을 유지할 수 있어야 큰 그릇이다.

자극에 흔들리지 않는
유연성을 길러야

자극에 흔들리지 않는 유연성은 영업인에게 중요한 덕목이다. 고객은 다양하며, 취향과 성격도 모두 제각각이기 때문이다. 이러한 고객의 마음속에 스며들려면 아집이나 편협성을 깨뜨려야 한다. 뻣뻣한 자세로는 고객의 마음을 얻지 못한다. 고객을 보고 영업인에게 맞추라고 할 수는 없지 않은가.

유연한 태도를 유지하면 자극에 예민하게 굴지 않고 이성적으로 대처하게 된다. 중국의 고전인 《여씨춘추》를 보면 평소에 유연한 태도로 관용을 베풀었다가 위기의 순간에 도움을 받은 임금의 이야기가 나온다.

옛날에 한 왕이 수레를 몰고 가던 중 수레가 부서졌다. 수레를 끌던 말 한 마리가 달아나자 인근의 시골 사람이 이를 잡아갔다. 몸소 말을 되찾으러 간 왕은 산기슭에서 말을 잡아 막 먹으려고 하는 그곳 사람들을 보았다. 왕은 탄식하여 말했다.

"준마 고기를 먹고서 빨리 술을 마시지 않으니, 나는 말고기가 그대 몸을 상하게 하지나 않을까 걱정되오."

그러고는 빠짐없이 두루 술을 마시게 하고는 돌아갔다.

1년이 지나 다른 나라가 쳐들어와 전투가 벌어졌는데, 적군이 이미 왕이 탄 수레를 포위했고, 적장은 왕의 왼쪽 말의 고삐를 낚아챈 상태였다. 또 다른 적장이 창을 휘둘러 왕의 갑옷을 치니 갑옷에서 떨어져 나간 비늘이 여섯 조각이나 되었다. 이때 1년 전 산기슭에서 말고기를 먹었던 시골 사람들과 그 족속 300여 명이 나타나 왕을 위해 수레 아래에서 힘껏 싸웠다. 마침내 그 무리가 적군을 이기고 오히려 적군의 왕을 잡아서 돌아왔다.

왕의 입장에서 보면 얼마나 어처구니없는 일인가. 도망간 말을 잡아서 주인에게 돌려주는 일은 이웃 말이라도 당연하지 않은가. 하물며 임금의 말인데 어떻게 잡아먹을 생각을 했을까. 왕이 그 자리에서 죽여도 전혀 이상하지 않다. 그런데도 왕은 감정에 치우치지 않고 관용을 베풀었다.

스트레스를 받는 상황에서 유연성을 발휘하기란 쉽지 않다. 흥분하면 주변을 보지 못하는 터널시야 효과가 나타나기 때문이다. 폭넓게 바라보며 판단해야 하는데 심리적인 요인들로 그럴 능력을 잃어버린다. 영업인은 늘 평정심을 유지해야 한다. 자극에 쉽게 흥분하는 감정으로는 구수한 빵과 같은 영업인이 될 수 없다. 다음은 건강기능식품을 판매하는 영업인이 겪은 일이다.

고객 중에 속옷 장사를 하는 아주머니가 있었다. 건강에 좋은 물건을 사고는 오히려 몸이 더 안 좋아졌다고 불평을 해대는 고객이었다. 만나면 나쁜 이야기만 늘어놓는 통에 덩달아 기분이 안 좋아질 때가 많았다. 영업인은 내색하지 않았다. 간식도 사 가고 선물도 주며 이야기를 들어주려 애썼다. 이야기를 듣다보니 예민하고 퉁명스러운 이유를 알게 되었다. 가정불화가 원인이었다.

남편은 배를 타는 선원이라 집에 없는 날이 많았지만 시어머니까지 모시며 애들을 키웠다고 한다. 그런데 남편에게 다른 여자가 있었던 것이다. 자기 혼자만 고생하고 희생하니 억울한 생각이 든다고 했다. 영업인은 그녀의 심정에 공감하며 그동안 희생했으니 앞으로 좋은 일만 있지 않겠느냐고 위로했다. 그 후 영업인을 대하는 태도가 바뀌었다. 당연히 충성고객이 되었다. 만약 고객이 주는 자극에 휘둘려 더 이상 찾아가지 않고 멀리했다면 충성고객 한 명을 잃을 뻔했다.

세일즈를 하다보면 영업인을 분노하게 하는 고객이 있다. 억지 주장을 펼치고, 아무것도 아닌 일에 트집을 잡고 불평하기 일쑤다. 그때마다 얼굴을 붉히고, 큰소리로 논쟁하고, 은근히 불이익을 주며 감정을 실어 처리하면 절대로 안 된다. 그럴 수도 있다고 생각하는 것,

이해하는 척하면서 무시하거나 진상이라고 뒤에서 욕하지 않는 것, 이러한 태도가 유연성이다. 조금은 둔감해질 필요가 있다. 덜 여문 감정은 바람에 날려버리고 오직 따뜻하고 구수한 맛만 지니고 있어야 고객이 끌려온다.

06

자신만 생각하지 않는
자세로

성인은 자기를 위해 쌓아놓지 않는다. 본래 남을 위해 모두 주면 도리어 있는 것이 더욱 나아지고, 남을 위해 모두 베풀다 보면 도리어 점점 더 많아진다. 하늘의 도는 오직 만물을 이롭게만 하고 피해를 입히지 않으며, 성인의 도는 오직 남을 위해 베풀기만 하고 다투지 않는다.

노자의 말인데 영업인에게는 황금률 같은 글귀다. 고객이 성공하도록 도와주면 영업인은 무엇이든지 얻을 수 있다. 자신만 생각하는 영업인은 신뢰를 얻지 못해 '제대로 익을 겨를이' 없다. 이런 영업인은 어쩌다 고객이 구매를 하더라도 재구매는 기대할 수 없다.

사람에게 빚지게 하라는 말이 있다. 비즈니스에서 흔히 쓰는 말이다. 선물을 하고, 문제를 해결해주고, 어려울 때 도움을 주고, 부탁을 흔쾌히 들어주면 상대가 빚지게 하는 것이다. 베푸는 마음이야말로 평소에 신뢰를 쌓는 좋은 방법이다. 신뢰를 쌓아야 사람을 얻는다. 당신 말이라면 무조건 믿겠다는 고객에게 설득은 불필요하다. 긴말도 필요 없다. 판매는 자동이다.

고객이 붙는 영업인이 있고, 고객을 잃는 영업인이 있다. 영업조직을 관리할 때, 영업인에게 고객을 관리하도록 넘겨주기도 하고, 사무실로 주문 전화가 왔을 때 영업인에게 연결해주기도 한다. 어떤 영업인은 고객을 잘 관리하여 몇 년씩 재구매로 연결하는데, 어떤 영업인은 일회성으로 끝나버린다. 인색하기 때문이다. 밥 한 끼 사는 것을 꺼리고, 경조사에 조그만 정성도 보이지 않으며, 명절에 못 본 체하고, 손해는 조금도 보지 않으려는 영업인에게 고객이 머물지 않는 것은 당연하다. 손해 보는 듯 세일즈를 해야 고객이 다시 찾는다.

열심히 고객을 만나러 다니는데 성과를 못 내는 영업인이 있다면 자신이 인색한 건 아닌지 살펴보아야 한다. 고성과 영업인은 베푸는 세일즈를 한다. 겉만 번드르르한 영업인이 아니라 속까지 고객의 이익을 생각하는 자세가 필요하다. 본인 자신만 생각하지 않는 영업인은 고객에게도 당당하다. 평소 고객에게 잘 베풀기 때문에 생각 없이 가격을 할인하여 판매하는 일이 없다. 상담이나 계약을 할 때도 고객에게 끌려다니지 않는다. 간단히 말해서 받을 거 다 받고 줄 것을 준다.

그런데 실적이 변변치 못한 영업인은 고객에게 끌려다닌다. 계약이 성사되지 않으면 어쩌나 하는 불안감에 지나치게 가격을 할인해서 판매한다. 좋은 성과를 낼 수 없을 뿐만 아니라 자신이 받을 급여에서 떼어준 꼴이니 남는 게 없는 장사를 한 것이다. 당당하지 못하고 저자세로 일관한다. 어떻게 해서든 판매하려고 하다보니 제품의 성능이나 효과를 부풀리기도 한다. 평소에 고객에게 잘했다면 불필요한 짓이다.

영업조직을 관리할 때도 자신만을 생각하는 인색함으로는 큰 조직을 이끌 수 없다. 이런 관리자에게는 특징이 있다. 자기 매출 실적을 올리기에 바쁘다. 영업조직을 관리하려면 조직원과 동행 판매도 다녀야 하고, 함께 거리 판촉도 하며, 때로는 고객을 소개해주기도 해야 하는데 귀찮고 아깝다는 생각에 아무것도 하지 않으면 사람이 붙어 있지 않는다.

자기만 생각하는 관리자는 자기 방식대로 영업인을 대한다. 그래서 영업인의 성격과 개성에 맞추어 관리하지를 못한다. 주도성이 강한 영업인에게 명령형으로 강요해서는 따라오지 않는다. 충돌만 있을 뿐이다. 게다가 자기가 관리하는 영업인을 데리고 다니며 불평불만을 늘어놓는다. 이런 관리자가 어떻게 큰 조직을 이끌겠는가.

07

자신감을 불어넣는
말을 하라

　영업조직에는 다양한 사람이 세일즈를 하겠다고 지원한다. 자신을 지역에서 영향력 있는 사람이라고 과시하는 경우도 있고, 수줍음이 많아서 부끄러움을 많이 타는 경우도 있다. 에너지가 넘쳐서 사무실 분위기를 주도하는 영업인이 있는 반면, 있는 듯 없는 듯 묵묵히 일하는 영업인이 있다. 불평불만이 많은 영업인이 있는 반면, 항상 좋게 생각하고 작은 것을 받아도 고마워하는 영업인이 있다. 일찍 나와서 청소를 도와주는 영업인이 있는 반면, 항상 5~10분 늦는 영업인이 있다. 공부를 많이 한 영업인이 있는 반면, 그렇지 못한 영업인이 있다. 외모가 매력적인 영업인이 있는 반면, 볼품없는 영업인이 있다. 첫 출근부터 고급 승용차를 타고 오는 영업인이 있는 반면, 형편이 어려운 영업인이 있다.

　그런데 어느 것도 세일즈 실적과는 상관이 없다. 성과가 좋은 영업인은 불리한 조건에서도 자신이 해야 할 몫을 해낸다. 성과가 시원치 않은 영업인은 핑계가 많다. 이래서 안 되고 저래서 안 된다. 영업인이 둘러대는 핑계를 걷어내고 진실을 보면 밑바닥에 두려움이 자리 잡고 있다. 두려움은 성과를 가로막는 최대의 적이다. 영업인이 두려움을 극복하고 자신감을 찾으려면 어떻게 해야 할까?

"그래, 나는 할 수 있다. 할 수 있다. 할 수 있다."

올림픽 경기에서 펜싱의 박상영 선수가 이렇게 중얼거리는 모습을 보았다. 스코어는 10:14. 한 점을 내주면 지는 상황에서 박 선수는 '나는 할 수 있다'를 몇 번이고 중얼거렸다. 그 후에 연속으로 다섯 점을 따내며 기적처럼 금메달을 목에 걸었다. 올림픽 경기에서 결승전을 치르는 선수들의 실력은 거의 차이가 없다. 승패는 당일의 컨디션, 그리고 정신력과 집중력에 따라 갈린다. 그런데 나는 할 수 있다는 자기암시만으로 없던 실력이 갑자기 늘었을까? 그렇지 않다. 이러한 자기암시가 자신감을 키운 것이다. 이길 수 있다는 자신감은 승패를 가르는 순간에 정신을 집중하게 만든다.

영업인에게도 마찬가지로 자신감을 불어넣은 자기암시는 분명 효과가 있다. 자신을 깎아내리는 말이나 생각은 절대 금물이다. '난 못해', '내 주제에 뭘 하겠어'처럼 자신을 비하하는 말이나 '나 같은 사람이 그게 가능하겠어?', '내가 뭘 하겠어?'와 같이 부정적인 생각이 넘치면 자신감은 점점 고갈된다. 자신감 고갈은 집중력을 앗아가고,

의지를 깎아내려 포기하도록 만든다.

힘들어서 포기하고 싶은 순간에도, 가도 가도 앞이 보이지 않는 상황에서도 자신감을 불어넣는 말을 반복하여 되뇌자.

- 나는 아주 유능한 영업인이다.
- 내가 최고다!
- 나는 정말 세일즈의 귀재야!
- 이 고객은 무조건 산다.
- 나는 최고의 영업인이 될 거야!
- 나는 상담에는 자신 있어.
- 나는 할 수 있어, 나는 할 수 있어!

자기암시는 강한 영향력이 있다. 수시로 중얼거리자. 아침에 출근할 때, 일하다 힘들 때, 속상한 일을 겪었을 때, 고객을 만나러 갈 때 고비마다 중얼거려 보자. 당신에게 가장 적합만 문장을 만들어서 외우고 두려운 마음이 들 때마다 속으로 외치자. 반복하다 보면 두려움은 사라지고 자신감이 무의식 속으로 깊숙이 파고든다.

08

날마다
긍정 이미지를 그려라

첫사랑

고재종

흔들리는 나뭇가지에 꽃 한번 피우려고
눈은 얼마나 많은 도전을 멈추지 않았으랴

싸그락 싸그락 두드려 보았겠지
난분분 난분분 춤추었겠지
미끄러지고 미끄러지길 수백 번

바람 한 자락 불면 휙 날아갈 사랑을 위하여
햇솜 같은 마음을 다 퍼부어 준 다음에야

마침내 피워낸 저 황홀을 보아라

봄이면 가지는 그 한번 덴 자리에
세상에서 가장 아름다운 상처를 터뜨린다

이 시를 읽으며 영업인에 대해 생각했다. '흔들리는 나뭇가지에 꽃 한번 피우려고' 눈이 도전을 멈추지 않듯이 영업인은 고객에게 제품을 판매하려고 얼마나 애를 쓸까? '미끄러지고 미끄러지길 수백 번', 그때까지 자신감을 잃지 않을 영업인이 몇이나 될까? 그제도 실패하고 어제도 실패했는데, 어차피 실패할 텐데 뭐 하러 고객을 만나러 나가나 하는 생각에 오늘은 일하기를 포기한다. 무기력증에 빠진다. 고객을 만나러 가기가 두렵다. 이런 무기력증과 두려움을 어떻게 극복해야 할까?

가장 쉬운 방법은 과거에 성공했던 경험을 떠올려보는 것이다. 고객을 만나는 순간 인사를 하고, 고객에게 질문을 하고, 고객의 질문에 답변을 하고, 계약서를 쓰고 서명을 하고, 제품을 건네주던 때를 상상해보라. 만약 그런 순간이 없다면 다른 영업인에게 들은 성공 사례를 재구성하여 상상해도 좋다. 고객을 만나기 전에 좋은 모습을 상상하면 좋은 결과를 얻고 나쁜 결과를 상상하면 나쁜 결과를 얻는다.

정신력이 성적에 큰 영향을 끼치는 운동선수들도 이러한 방법을 사용한다. 프로축구에서 득점왕을 차지한 선수들은 항상 골 넣는 장면을 상상한다. 머릿속에 운동장을 그리고 자기 위치를 그리고, 공이 오는 장면과 수비수를 제치고 슛을 하는 장면, 공을 넣는 장면을 상상한다. 이러한 방법은 자신감을 심어줄 뿐 아니라 득점 기술도 익힐 수 있는 훈련법이 된다. 프로골퍼 신지애 선수가 한 이미지 훈련도 유명하다. 한 언론사와의 인터뷰에서 신 선수는 이렇게 말했다.

"드라이버도 멀리 칠 수 있다는 긍정적인 생각을 하며 이미지 트레이닝을 하면 실제로 비거리가 늘어납니다."

베트남전쟁 포로였던 미 공군 중령 조지 홀은 7년 동안 포로수용소에서 생활할 때 매일 골프 연습을 했다. 버려진 나뭇가지를 주워 골프채라 생각하고, 골프장을 머릿속으로 상상하며 골프 경기를 했다. 그는 미국에 돌아온 지 1주일 만에 출전한 골프 대회에서 우승을 차지했다.

실패한 상황이 머릿속에 떠오르면 빨리 지워버려라. 세일즈는 성공보다 실패가 많다. 세일즈를 처음 하는 영업인은 수없이 많은 사람에게 홍보 전단지를 돌리고, 여러 곳을 방문해야 그나마 한두 건 좋은 결과를 얻어낸다. 포기하고 싶은 상황이 수시로 영업인을 괴롭힌다. 당연히 성공의 순간보다는 실패의 순간이 먼저 머릿속에 떠오른다. 실패의 경험에 사로잡히면 열정이 사라지고 무기력해진다. 이럴 때 성공 경험을 떠올리며 실패 경험을 머릿속에서 밀어내야 한다.

당신은 이 책을 읽고 나면 어떤 가망고객을 만나러 갈 계획인가? 고객과 만나 상담하는 장면을 다음 순서에 따라 하나하나 상상해보자. 판매에 성공하는 모습을 머릿속으로 그리고 성공을 상상하라.

1. "나는 성공할 수 있다"를 열 번 반복한다. 속으로 해도 좋고 큰 소리로 해도 좋다. 이제 자신감이 생겼다.
2. 고객을 처음 만날 때 어떤 자세로 어떻게 인사할지 상상한다.
3. 만약 고객의 태도가 차갑다면 어떻게 대처할지 상상한다.
4. 고객에게 어떤 질문을 할지 상상한다.
5. 고객에게 어떤 제품을 권할지 상상한다.
6. 고객에게 효과, 이점, 혜택을 어떻게 설명할지 상상한다.
7. 고객이 망설이거나, 뒤로 미루거나, 가격이 비싸다고 핑계를 대면 어떻게 대처할지 상상한다.

자신감은
전문성에서 나온다

자신감을 키우려면 어떻게 해야 할까? 고객 앞에서 당당한 자신감
은 전문 지식에서 나오기도 한다. 영업인이 갖추어야 할 전문 지식
분야는 다음과 같다.

- 취급하는 제품과 관련 분야
- 세일즈 기술
- 고객의 구매심리
- 기타 일반상식

영업인이라면 자신이 취급하는 제품은 물론 그와 관련된 분야에
대해서도 전문가가 되어야 한다. 예를 들어 보험 영업인이 보험 상
품에 대해서만 알고 있다면 고객을 설득할 수 없다. 금융 상품 전반

을 알아야 한다. 세무나 상속 관련 지식도 갖추어야 한다. 건강기능식품 영업인은 제품도 제품이지만 인체 조직과 각종 질병에 관한 지식도 중요하다. 요즘은 방송에 건강 관련 프로그램이 많다 보니 고객들도 건강 상식이 대단하다. 그런 고객을 상대할 때 어설픈 지식으로는 신뢰를 얻지 못한다.

영업조직에서 하는 교육으로는 부족할 수도 있다. 당신이 처음 세일즈를 시작했다면 적어도 1주일에 한 권 정도는 관련 책을 읽어야 한다. 경력이 쌓였다 하더라도 한 달에 한두 권은 꾸준히 읽어야 전문적인 역량을 쌓을 수 있다. 모든 지식은 세월이 흐르면 죽은 지식이 되므로 늘 새로운 지식을 얻으려고 노력해야 한다. 고객의 질문에 더듬거리지 않을 만큼 완벽한 지식은 하루아침에 쌓지 못한다. 꾸준히 책을 읽고, 교육에 충실히 참석하고, 관련 강좌를 찾아다니며 들어야 한다.

세일즈 기술도 중요하다. 영업인이 제대로 일을 해보지도 않고 그만두는 이유는 기술이 없기 때문이다. 기술이 없으면 모든 일이 어렵다. 기술은 처음 배우기가 힘들지 일단 배워서 그 기술을 반복하다 보면 나도 모르는 사이에 능력이 발휘된다. 이 책을 읽고 있는 당신도 세일즈에 관해 궁금한 점들이 있을 것이다. 정신력을 키우려면 어떻게 해야 하는지, 목표관리는 어떻게 하고 고객발굴은 어떻게 해야 하는지, 상담은 어떻게 하고 마무리는 어떻게 해야 하는지 막막하고 어렵게 느껴질 수도 있다. 이렇게 영업인이 배우고 익혀야 할 세일즈 기술은 수없이 많지만 하루아침에 이 모든 것을 익히기는 어렵다. 책으로 이론을 공부하고, 역할극으로 연습하고, 고객을 만나 부딪치며 익혀야 한다. 세일즈 기술은 세일즈 성과를 높여줄 뿐만 아니라 관리자가 되었을 때 영업인을 가르칠 수 있는 자산이 된다.

구매심리도 알아야 한다. 세일즈는 사람을 상대하는 일이다. 개를 기를 때도 개가 무엇을 좋아하는지, 개의 성향은 어떤지 알려고 노력한다. 동물도 이런데 하물며 사람은 더하지 않겠는가. 내가 만나는 고객은 어떤 사람인지 알아야 한다. 고객의 심리를 읽고, 좋아할 만한 말을 하고, 고객이 원하는 대로 맞춰주어야 성과가 좋다. 느낌이나 생각만으로 하는 세일즈는 한계가 있다. 세일즈를 오래 하다 보면 일일이 겪으며 스스로 터득하기도 하지만 책을 읽으며 경험한다면 그 기간을 훨씬 더 줄일 수 있다. 요즘은 구매심리를 다루거나 소비자 구매 성향을 분석한 책들도 많이 나오고 있다. 고객 유형별로 어떻게 대처해야 하는지 가르쳐주는 책들이다.

세일즈에 필요한 전문 지식 못지않게 다양한 분야의 상식도 필요하다. 건강기능식품을 판매한다고 해서 고객과 건강만을 주제로 대화하지는 않는다. 보험 세일즈를 한다고 보험 이야기만 하면 어떤 고객이 좋아하겠는가. 만약 자동차 보험 영업인이 자동차에 대한 해박한 기술이 있다면 어떨까? 자동차 정비 자격증까지 있다면 고객이 곤란할 때 도와줄 수도 있을 것이다. 부동산이나 주식을 안다면 고객에게 조언도 가능하다. 고객이 미술에 조예가 깊다면 미술 이야기를 하게 될 수도 있다. 고객이 드론에 관심이 많은데 영업인이 마침 드론 이야기를 한다면 귀를 기울이고 좋아하는 것은 당연하지 않겠는가.

10

이미지를
중요하게 생각하라

　전문성이 안으로 자신감을 키우는 일이라면 밖으로 멋지게 꾸미는 일도 자신감을 얻는 좋은 방법이다. 성공한 사람처럼 옷을 입어야 진짜 성공한다는 말이 있다. 혹시 집을 사거나 판 적이 있는가? 같은 크기의 집이라도 가구가 어떻게 놓여 있느냐에 따라 넓어 보이기도 하고 좁아 보이기도 한다. 매물을 보러 갔는데 벽지가 여기저기 뜯기고 집 안이 지저분하다면 사고 싶지 않을 것이다. 집의 구조나 편리성과는 상관없이 첫인상이 좋지 않기 때문이다. 집을 제값 받고 팔려면 도배를 새로 하고 필요 없는 가구나 짐은 잘 정리하여 집 안이 깨끗하고 넓어 보인다는 인상을 주어야 한다.

　사람도 마찬가지다. 첫인상이 좋은 사람에게 끌리기 마련이다. 심리학자 레인겐과 케르난이 실행한 실험은 첫인상이 왜 중요한지 잘 보여준다. 외모 호감도에 따라 구성된 실험자들이 수백 명을 대상으로 자선단체에 기부를 요청하는 실험을 했다. 결과는 매력 있는 실험자는 40% 이상 기부 약속을 받은 반면, 그렇지 못한 실험자는 그 절반 정도밖에 기부를 유도하지 못했다. 이러한 실험 결과를 바탕으로 유추하건대 영업인이 고객을 만나러 갈 때 첫인상이 좋으면 판매 확률은 그만큼 올라갈 것이다.

복장과 외모는 첫인상에 가장 큰 영향을 미친다. 멋지고 개성 있는 모습보다는 신뢰를 주는 차림새가 좋다. 말투도 첫인상을 형성하는데 중요하다. 사용하는 어휘나 발음만 들어도 수준이 보인다. 영업인은 사용하는 단어와 발음까지도 마음을 써야 한다.

영업인의 수준이 오르고 그에 따라 자신감이 높아지면 만나는 고객의 수준도 높아진다. 오해 없기를 바란다. 시장에서 노점을 하는 고객도 소중하고, 대학에서 학생을 가르치는 교수도 소중하다. 여기서 말하는 수준이란 단순히 구매력으로 판단한 것이다. 경제적으로 여유가 있어야 구매력이 좋지 않겠는가. 구매력이 좋은 사람은 주로 직장이 안정되거나 사업으로 성공한 사람이다. 아르바이트 일을 하는 사람보다 사장의 구매력이 좋은 건 당연하다. 일용직보다 정규직 직원의 구매력이 좋은 것도 마찬가지의 이치다. 구매력이 좋은 고객을 만나고 싶다면 본인의 수준도 높아져야 한다는 점을 명심하기 바란다.

11

돈 한푼 안 들이는
이미지 개선법

어깨를 펴고 씩씩하게 걷는 발걸음도 좋은 이미지에 보탬이 된다. 돈 한푼 안 들이고 이미지를 개선하는 방법이다.《얼굴경영》의 저자인 주선희 교수는 걸음이 성격을 반영하고 성격이 나타난 걸음은 운에 영향을 미친다고 했다. 가슴을 쫙 펴고 걷는 사람은 무슨 일을 하든 강한 운이 따르고 사생활도 행복하다. 가슴을 오그리고 걷는 사람은 자신감이 부족하며 운도 약하다. 일부러라도 경쾌하게 걸어야 하는 이유다. 고객을 만나러 가는 걸음이 경쾌하면 좋은 기분으로 고객을 대한다.

태도와 자세, 걸음걸이에 좋지 않은 버릇이 있다면 반드시 고쳐야 한다. 버릇이 되면 익숙해져서 본인은 잘 모른다. 주변 사람들에게 눈에 거슬리는 부분이 있으면 알려달라고 부탁하는 것도 좋은 방법이다. 하찮게 생각한 버릇 하나 때문에 중요한 첫인상을 망쳐서야 되겠는가.

미소도 빼놓을 수 없는 이미지 개선법 중 하나다. 미소는 백만 번을 지어도 넘치지 않는다. 미소는 자신뿐 아니라 다른 사람도 행복하게 한다. 한 제과점에서는 시급제 아르바이트 학생을 채용하면 첫 3일 동안 매장 입구에서 인사만 시킨다고 한다. 손님이 매장 안으로 들어서기가 무섭게 "안녕하세요. 우리 매장을 찾아주셔서 감사합니다"라고 말하며 환한 웃음으로 맞아야 한다.

웃음은 전염된다. 상대방이 웃으면 나도 웃게 된다. 웃으면 기분이 좋아진다. 빵 하나 사려다가 2개 사게 된다. 어떤 사람이 스타벅스의 하워드 슐츠 회장에게 스타벅스 직원들은 항상 잘 웃는데 그 비결이 무엇이냐고 물었다. 그의 대답은 이랬다.

"간단하다. 잘 웃는 사람을 채용하라. 그리고 잘 웃는 직원을 승진시켜라."

에너지를 주는 사람과 가까이하라

영업인들 가운데에도 암세포 같은 존재가 있다. 나쁜 에너지를 퍼뜨리는 영업인이다. 암세포를 떠올려보라. 끊임없이 증식하고 다른 장기로 퍼지며, 생명이 죽어야 끝이 난다. 암세포 같은 영업인은 다른 사람에게 무기력을 전파하고 조직 전체의 활력을 떨어뜨린다. 이런 영업인과 이야기를 하면 기분이 안 좋고 우울하다. 에너지가 넘쳐서 이런 사람과 어울려도 영향을 받지 않는다면 모를까, 그렇지 않다면 멀리하는 것이 좋다. 실패한 영업인이 하는 불평과 한탄을 듣고 있으면 같이 힘들다는 동질감에 위로가 될지는 모르겠지만 그런 위안은 성과와 아무 관계가 없다.

회사를 비판하거나 관리자를 험담하는 영업인이 있다면 이 또한 멀리할 사람이다. 당신에게 전이되는 암세포와 같기 때문이다. 그런 사람과 함께 관리자를 흉볼 시간에 한 명이라도 고객을 더 찾아 나서는 것이 현명한 처사가 아니겠는가. 술 마시며 회사를 성토해봤자 허탈감만 남는다. 숨어서 하는 험담은 이롭지 않다. 일할 의욕만 꺾어버린다.

반대로 좋은 에너지를 주는 영업인과 어울리면 나에게도 그 에너지가 전염된다. 이런 사람을 만나면 잃어버린 자신감도 회복할 수 있다. 그들로부터 어떻게 하면 활력이 넘치는지 배우려고 노력하라. 긍정심리를 유지하는 방법이 있다면 가르쳐달라고 부탁하라. 그 과정에서 세일즈에 도움이 되는 방법을 배울 수 있을 것이다. 주변에서 그런 사람을 찾을 수 없다면 책을 읽어도 좋다. 서점에 가면 자신감을 심어주고 긍정적인 생각을 북돋아주는 책들이 정말 많다. 그 책들을 가까이하라.

조직 전체에서 결정한 사항은 적극 받아들이고 행동하는 것이 먼저다. 이 또한 긍정적인 사고방식이 필요하다. 조직에서 의견 대립이나 갈등이 생기면 화합을 위해 나서라. 이러한 자세가 당신을 리더로 성장하도록 돕는다. 관리자의 의견이 100% 옳다는 뜻이 아니다. 관리자 말이라면 껌뻑 죽으라는 뜻도 아니다. 관리자도 실수를 하고, 아래 직원보다 부족한 부분이 있으므로 좋은 아이디어가 생기면 정식으로 건의하고, 부당한 점이 있으면 면담을 신청하여 의견을 말해야 한다.

관리자가 잘못된 방향으로 일을 진행한다는 생각이 들면 자신의 생각을 전하고 방향을 바꾸도록 노력해야 한다. 조직운영 방식에 대한 개선안을 내놓거나, 좋은 방향으로 이끌기 위해 제안을 하는 것도 좋다. 만약 관리자가 당신의 세일즈 방식 가운데 고치길 바라는 부분이 있다면 그 의견에 귀를 기울이는 동시에 자신의 의견을 전하며 가장 좋은 방법을 찾으려고 노력하기 바란다.

자기 방식이 아니라고 거부하거나 그 생각을 동료들에게 퍼뜨리며 적대적인 분위기를 조장하는 것은 하수들이나 하는 짓이다. 이런 부류는 어디를 가든 환영받지 못한다. 항상 좋은 에너지를 전달하는 사람이 되어야 한다. 훌륭한 영업인이 되면 훌륭한 리더로 성장할 수 있다.

2장

분명한 목표와
계획을 세워라

종이에 목표를
적어라

고래를 위하여

정호승

푸른 바다에 고래가 없으면
푸른 바다가 아니지
마음속에 푸른 바다의
고래 한 마리 키우지 않으면
청년이 아니지

푸른 바다가 고래를 위하여
푸르다는 걸 아직 모르는 사람은
아직 사랑을 모르지

고래도 가끔 수평선 위로 치솟아 올라

별을 바라본다

나도 가끔 내 마음속의 고래를 위하여

밤하늘 별들을 바라본다

당신은 마음속에 고래를 키우고 있는가? 세일즈를 하며 고래 같은 꿈과 목표가 없다면 영업인이 아니다. 세일즈를 하며 겪는 어려움은 모두 고래를 위한 일 아니겠는가. 밤하늘의 별을 바라보듯 당신도 꿈을 위해 목표가 있어야 한다.

그런데 목표를 종이에 적어 눈에 잘 띄는 곳에 붙여놓는 방법은 하도 들어서 질릴 정도다. 게다가 그 목표를 아침저녁으로 크게 읽으라는 주문은 마치 사이비 종교 같아서 공부깨나 했다는 사람들에게는 거부감도 있다. 작은 성공을 경험해야 큰 성공이 가능하다는 말도 흔하게 듣다보니 이제는 감동이 없다.

그러나 싫증나고 진부한 방법이라도 모두의 성공을 위해 다시 한번 강조하려 한다. 영업인이 목표도 없이 좌충우돌하기보다는 뚜렷한 목표를 지니고 활동할 때 더 많은 성과를 내기 때문이다. 다음 질문에 답해보자.

- 목표가 있는가?
- 목표를 달성하고 싶은 간절한 마음이 있는가?
- 목표 달성을 위한 분명한 실천 계획이 있는가?

• 성공한 영업인으로 우뚝 서고 싶은가?

이 질문들에 확실하게 답변하지 못하면 일단 책을 덮고 생각해보자. 목표도 없고, 간절함도 없고, 목표를 달성하기 위한 분명한 실천 계획도 없고, 성공하고 싶다는 포부도 없다면 그냥 배를 타고 아무 준비 없이 강물을 따라 흘러가는 인생인 것이다. 그러다가 갑자기 폭포를 만나면 대책 없이 추락하고 만다. 경제적인 상황이 추락하거나 마음 상태가 추락할지도 모른다. 건강이 추락할지도 모른다. 억소리 한번 못 내고 추락과 맞닥뜨린다면 어떻게 할 것인가? 그때는 이미 늦었을지도 모른다.

목표와 계획은 대책 없는 추락을 예방한다. 가장 먼저 종이에 목표를 적어보자. 마음속에 아무리 큰 목표를 지니고 있다 해도 눈으로 보지 않으면 잊기 마련이다. 이처럼 쉽고 간단한 방법은 이미 100여 년 전에 나온 자기계발서에서도 언급했지만 소수만이 실행하고 있을 뿐이다. 성공한 사람이 많지 않은 이유다. 먼저 [표 2-1]을 작성해보자.

[표 2-1]] 활동 목표

1. 원하는 직급은 무엇인가?
2. 원하는 소득은 얼마인가?
3. 원하는 소득을 달성하면 가장 먼저 무엇을 하고 싶은가?

영업조직에 따라 승진이 무엇보다 중요하고 그에 따라 높은 소득을 얻는 회사가 있는 반면, 직급과는 무관하게 실적이 좋으면 높은 소득을 얻는 회사도 있다. 둘 다 중요하게 생각하는 회사도 물론 있다. 처음 세일즈를 시작한 영업인이 이런 부분을 파악하기는 쉽지 않으므로 관리자가 신인 영업인을 면담할 때 [표 2-1]을 놓고 대화를 하면 동기부여 효과가 있다.

만약 당신이 세일즈를 시작한 지 꽤 오래되었는데도 아직 성과가 신통치 않다면 초심으로 돌아가보자. 표를 작성하며 다시 한 번 일전을 다짐할 필요가 있다. 특히 3번 '원하는 소득을 달성하면 가장 먼저 무엇을 하고 싶은가?'에 대한 답변 작성이 중요하다. 열심히 일한 성과에 합당한 보상이며 간절히 원하는 소원 리스트다. 무엇이되었든 일을 해서 평소에 하고 싶은 일을 할 수 있다면 충분한 동기부여가 되지 않을까? [표 2-1]을 작성하고 나면 이제 그 목표를 명확하게 만들어야 한다.

목표는 분명해야
달성할 수 있다

[표 2-2]와 [표 2-3]을 보자. [표 2-2]는 소득을 기준으로 목표를 세웠고, [표 2-3]은 직급을 기준으로 목표를 세웠다. 그리고 장기 목표와 단기 목표로 나누었다. 세일즈를 하는 동안 반드시 이루고 싶은 목표는 장기 목표이고, 앞으로 3~6개월 혹은 1년 이내에 달성할 목표는 단기 목표다. 장기 목표를 정하고 그것을 잘게 나누면 단기 목표다. 목표는 너무 쉬워도 안 되고 너무 어려워도 안 된다. 쉬운 목표는 세울 필요도 없이 달성할 테고, 어려운 목표는 아무리 노력해도 도저히 달성하지 못한다. 포기하기 쉽다. 노력해서 달성 가능한 적정한 목표가 동기부여를 한다. 조금만 애쓰면 붙잡을 수 있는 목표, 까치발을 딛고 서면 붙잡을 수 있는 정도의 목표가 가장 강하게 동기부여를 한다. 옆 괄호에는 목표를 달성할 시점을 적는다.

[표 2-2]] 활동 목표 예시 1

장기 목표	나의 연 소득은 1억 원이다. (2023년 12월)
단기 목표	나의 연 소득은 8천만 원이다. (2022년 12월)
	나의 연 소득은 6천만 원이다. (2021년 12월)
	나의 연 소득은 4천만 원이다. (2020년 12월)
	나의 연 소득은 2천만 원이다. (2019년 12월)

[표 2-3] 활동 목표 예시 2

장기 목표	나는 본부장이다. (2021년 12월)
단기 목표	나는 수석지부장이다. (2021년 6월)
	나는 지부장이다. (2020년 12월)
	나는 부장이다. (2020년 6월)
	나는 팀장이다. (2019년 12월)

충분히 이해했는가? 이제 당신이 목표를 세울 차례다. [표 2-1], [표 2-2], [표 2-3]에 맞추어 목표를 세워보자. 목표는 바꿀 수 있어도 없애서는 안 된다. 59쪽에 양식이 있다. 끝까지 읽은 다음 책을 덮고 조용히 앉아서 자신의 목표를 명확하게 만들어보자.

날마다 성공을
상상하라

겨울이 채 끝나지 않은 들판, 골짜기 응달에는 아직 잔설이 있는데도 눈과 얼음 틈새를 뚫고 가장 먼저 올라오는 생명의 경이로움을 본 적이 있을 것이다. 봄이 오면 꽃을 피우겠다는 욕구가 없으면 그 호된 겨울을 견뎌내지 못한다.

영업인도 성공욕구가 있어야 한다. 기필코 목표를 달성하겠다는 각오가 있어야 한다. 이러한 욕구와 각오를 지속적으로 유지하려면 목표를 이루었을 때를 날마다 상상해야 한다. 그러려면 우선 목표를 적어 잘 보이는 곳에 붙여놓아야 한다. 많은 위인들이 자신의 목표를 종이에 적어서 벽에 붙여놓았다는 이야기를 들었지만 보통 사람들은 쑥스럽다는 이유로 해볼 생각도 하지 않는다.

벽에 붙이는 행위는 공개 선언 효과가 있다. 결심을 공개적으로 선언하면 그 결심을 끝까지 고수하며 실천할 확률이 높아지기 때문이다. 책상 위나 식탁 위도 좋다. 눈에 잘 띄는 곳이라면 어디든 관계없다. 휴대폰에 저장하고 수시로 들여다보는 방법도 좋다.

목표를 잘 붙여놓았다면 이제 소리 내어 그 목표를 읽는다. 소리 내어 읽으면 목표를 가슴에 새길 수 있다. 열 번을 읽든 다섯 번을 읽든 단 한 번을 읽든, 날마다 읽다보면 실천하려는 마음이 생긴다. 아침에 일어나 다섯 번, 저녁에 잠자리에 들기 전에 다섯 번씩 읽으면 좋다. 어쩌다 한 번이 아니라 꾸준히 해야 한다. 5분이면 되는 일을 귀찮아서 안 한다면 귀찮아서 성공하지 않겠다는 뜻이니 얼마나 어리석은가. 만약 종교가 있다면 날마다 기도하라. 같은 효과를 볼 수 있다.

자, 이제 날마다 성공을 상상하라. 목표를 달성했을 때를 상상해보라. 지금보다 훨씬 근사한 모습이지 않은가? 성공한 모습을 상상할 때마다 스스로 동기부여가 된다는 사실을 알 수 있다. 특히 원하는 목표를 달성했을 때 나에게 주어질 보상을 정해놓고 상상하는 일은 엄청난 매력이 있다. 유럽 여행을 가겠다고 적어놓았다면 지금 당장 유럽 여행 계획을 세운다. 좋은 차를 사겠다고 적었으면 그 차를 상상한다.

유치하다고 생각되는가? 이러한 방법은 건강을 위해 계단을 오르거나 만보 이상 걸어야 한다는 건강 상식만큼 모르는 이가 없다. 질릴 만큼 많이 들었고, 모르는 사람이 없을 정도다. 그렇다면 당신은 이렇게 실천하고 있는가?

모든 사람이 건강 비결을 안다고 해서 그것을 실천하는 것은 아니다. 마찬가지로 모두가 성공 법칙을 알고, 질릴 정도로 많이 들었다고 해서 그대로 실천하는 것도 아니다. 원래 가장 소중한 지식과 지혜는 하도 많이 들어서 특별할 것도 없는 것들이다. 지금 이 순간에도 당신은 거들떠도 안 보는 당연한 진실을 어떤 영업인은 성공을 위한 지렛대로 삼는다. 그 사람이 당신이었으면 좋겠다. 아니, 당신이다.

이제 배운 대로 아래에 있는 빈칸에 당신의 목표를 적어보자. 깊이 생각하고 신중하게 판단하기 바란다. 너무 쉬운 목표보다는 다소 부담스러운 목표를 세워보자.

1. 원하는 직급은 무엇인가?
2. 원하는 소득은 얼마인가?
3. 원하는 소득을 달성하면 가장 먼저 무엇을 하고 싶은가?

장기 목표	나의 연 소득은 _____ 이다. (년 월)
단기 목표	나의 연 소득은 _____ 이다. (년 월)
	나의 연 소득은 _____ 이다. (년 월)
	나의 연 소득은 _____ 이다. (년 월)
	나의 연 소득은 _____ 이다. (년 월)

장기 목표	나는 _____ 이다. (년 월)
단기 목표	나는 _____ 이다. (년 월)
	나는 _____ 이다. (년 월)
	나는 _____ 이다. (년 월)
	나는 _____ 이다. (년 월)

활동 계획을 세워라

목표가 있다고 저절로 달성되지는 않는다. 목표를 달성하려면 활동 계획도 종이에 적어야 한다. 계획이 없는 목표는 팔다리가 없는 기형이다. 계획은 간단할수록 좋다. 실천 계획을 벗어나서도 안 되지만 그렇다고 지나치게 얽매일 필요도 없다. 상황에 맞는 융통성을 발휘해야 한다.

앞에서 장기 목표와 단기 목표를 정했다. 단기 목표를 하나씩 이루어나가다 보면 결국 장기 목표를 달성할 수 있다. 앞으로 3~6개월 혹은 1년 사이에 당신의 목표는 무엇인가? [표 2-4]는 월수입 500만 원을 목표로 가정하고 만들어본 활동 목표다.

회사에 따라 다르겠지만 방문판매 회사에서는 판매와 리크루팅을 함께 강조한다. 아무리 판매가 많아도 리크루팅이 없으면 상위 직급으로 올라가지 못해서 높은 소득을 얻지 못한다. 방문판매 영업인은 두 마리 토끼를 잡아야 하므로 판매와 리크루팅으로 나누어 활동 계획을 세워야 한다. [표 2-4]에 있는 활동 목표를 하나하나 살펴보자.

[표 2-4] 활동 계획

성과 목표	나는 매달 500만 원을 벌겠다.

활동 목표	1. 매일 오전 10시부터 오후 5시까지 7시간 이상 세일즈 활동을 한다.
	2. 매일 가망고객을 세 명 이상 매일 만난다.
	3. 고객에게 유익한 정보를 매주 1회 문자 메시지로 보낸다.
	   (매주 금요일 오후 4~6시)
	4. 매주 리크루팅 상담을 2회 이상 한다.
	5. 매일 세일즈 관련 책을 10쪽 이상 읽는다.
	   (아침 기상 직후 혹은 저녁 취침 전)

1. 매일 오전 10시부터 오후 5시까지 7시간 이상 세일즈 활동을 한다

하루는 24시간이다. 사람마다 다르겠지만 잠자는 시간을 7~8시간으로 가정한다면 깨어 있는 시간은 16~17시간이다. 이 가운데 출퇴근 시간, 영업 외의 개인 일, 식사 시간을 모두 더하면 몇 시간이나 될까? 영업인들에게 물어보면 보통 3~6시간 정도다. 따라서 10~14시간은 온전히 활동 가능한 시간이다. 10~14시간을 당신은 어떻게 사용하는가? 이 시간을 어떻게 사용하느냐에 따라 성공한 영업인이 되기도 하고 실패한 영업인이 되기도 한다. 성과는 일하는 시간에 비례한다. 활동 시간은 많은데 성과가 나지 않는다면 원인을 찾아야 한다. 세일즈 기술 부족이 원인일지도 모른다.

하루 동안 주어진 시간을 어떻게 보내는지 정확히 알아보려면 [표

[표 2-5] 24시간 사용 내역서

시간	월 일	월 일	월 일	월 일
5				
6				
7				
8				
9				
10				
11				
12				
13				
14				
15				
16				
17				
18				
19				
20				
21				
22				
23				
24				
01				
02				

2-5]에 1시간 간격으로 시간 사용 내역을 3일만 적어보면 알 수 있다.

중요하지도 않고 급하지도 않은 일에 시간을 많이 소비한다면 시간 사용 계획을 잘 세워야 한다. 물론 각자 스스로 판단할 일이지만 그렇다고 남는 시간을 모두 세일즈 활동에만 사용하라는 것은 아니다. 지친다. 회복을 위한 시간도 필요하다. 자기계발을 위한 시간도 필요하다.

2. 가망고객을 세 명 이상 매일 만난다

반드시 세 명일 필요는 없다. 가능한 숫자를 적으면 되는데, 여기서 중요한 것은 그보다는 '매일 만난다'는 말이다. 아무런 의미 없이 만나지 말라. 항상 세일즈를 목표로 만나야 한다. 처음 만나는 가망고객도 있을 것이고 두세 번째 만나는 가망고객도 있을 것이다. 이때 단계별로 해야 할 일이 있다. 예를 들어 처음 만나는 가망고객에게 만나자마자 제품의 장점만 늘어놓을 수는 없지 않은가. 벌써 다섯 번째 만나는데 고객의 문제와 상황도 파악하지 않고 회사 자랑만할 수는 없지 않은가. 즉 '만난다'는 말은 각 단계별로 하고자 하는 활동을 제대로 한다는 의미다.

여기에는 가망고객 상담이 아니라 매출 목표를 적을 수도 있다. '나는 매일 한 건씩 계약을 하겠다' 혹은 '나는 매일 100만 원 이상 판매를 하겠다' 등이 될 수 있겠다. 무엇이든 좋다. 너무 적어도 안 되고 너무 많아도 안 된다. 실행 가능한 정도여야 한다. 되면 좋고 안 되도 그만이라는 생각으로 계획을 세워서는 안 된다. 무조건 실천하겠다는 의지가 필요하다.

3. 고객에게 유익한 정보를 매주 1회 문자 메시지로 보낸다

신규 가망고객을 만나는 일도 중요하지만 기존 고객을 관리하는 것도 중요하다. 문자 메시지는 단순히 안부를 묻는 내용도 좋고, 정보를 제공하는 내용도 좋다. 태풍이나 호우주의보, 폭설을 예보했다면 안부를 묻는 내용이 좋다. 고객의 관심사와 관련한 정보도 좋다.

몇 해 전 나는 자동차를 한 대 구매한 적이 있다. 자동차 영업인은 그때부터 지금까지 몇 년 동안 보름에 한 번씩 문자 메시지를 보낸다. 아는 사람이 차를 산다고 해서 그 영업인을 소개해주었다. 자동차는 판매 주기가 길다. 보통 5~6년 주기로 차를 바꾸게 되고 길게는 10년 이상 타기도 한다. 따라서 자동차 영업인은 오랜 기간 고객관리를 해야 자동차를 팔 수 있다. 재구매만 기다려서는 좋은 성과를 얻지 못한다. 그래서 소개를 통한 판매가 고성과의 비결인 것이다. 고객은 영업인이 어떻게 하는지를 관찰한 다음 믿을 만하면 다른 고객을 소개해준다. 꾸준히 문자 메시지를 보내고, 선물을 보내고, 방문을 해서 고객에게 신뢰를 얻어야 소개를 받을 수 있다.

언제 문자 메시지를 보낼지 시간을 정해놓는 것이 좋다. 바쁘게 활동하다 보면 잊기도 하고, 피곤하면 뒤로 미루기도 한다. 이것을 방지하려면 언제 어디서 문자를 보낼지 항상 정해놓아야 한다.

4. 매주 리크루팅 상담을 2회 이상 한다

리크루팅이 중요한 업종이 있고, 그렇지 않은 업종이 있다. 지금

하는 일이 리크루팅과는 상관없다면 건너뛰어도 좋다. 방문판매 회사, 보험 회사, 다단계 회사는 리크루팅이 중요하다. 승진에 중요한 역할을 하므로 활동 계획에 리크루팅을 꼭 집어넣어야 한다. 리크루팅 문제는 5장에서 자세히 다룬다.

5. 매일 세일즈 관련 책을 10쪽 이상 읽는다

경험만으로 세일즈 기술을 모두 배우려면 시간이 오래 걸린다. 경험을 하면서 독서도 한다면 실력을 키우는 데 유리하다. 자신이 속한 분야에서 전문가가 되려는 노력은 곧 그 분야의 최고가 되기 위한 준비다. 준비 없이는 최고가 되지 못한다. 독서뿐 아니라 세일즈 관련 교육을 받는 방법도 유용하다. 인터넷에서 세일즈 교육을 검색해보자. 필요한 교육 과정을 찾아서 들어보자. 교육을 받으며 다른 사람들은 어떻게 세일즈를 하는지 알아볼 수 있다.

이제 다음 표에 성과 목표와 활동 목표를 적어보자.

[표 2-6] 성과 목표와 활동 목표

성과 목표	
활동 목표	

목표를 정하고 활동 계획을 세웠다면 포기하지 않고 달성하려는 자세가 중요하다. 의지력과 인내력이 고갈되어가기 때문에 한번 결심한 목표와 계획을 포기하지 않고 실천하기란 쉽지 않다. 결심을 끝까지 이어가려면 어떻게 해야 할까?

유혹에 저항하라

영업인은 목표와 계획 아래 활동해야 한다. 관리자가 적절히 동기 부여를 하겠지만 거기에만 의존해서는 좋은 성과를 얻지 못한다. 스스로 동기를 부여할 줄 알아야 한다. 그러나 어떻게 비가 오나 눈이 오나 고객만 만나러 다니겠는가. 때로는 쉬고 싶을 때도 있다. 열심히 일하고 쉰다면 탓할 이유가 없는데, 편안함을 찾는 인간의 본성이 문제다. 앉으면 눕고 싶은 것이 인간 아니던가. 앉고 싶을 때나 눕고 싶을 때 본성이 하라는 대로 했다가는 좋은 성과는 물 건너간다. 활동하기 싫을 때라도 기꺼이 고객을 만나기 위해 몸을 일으켜야 한다. 성공한 영업인에게는 유혹에 저항하는 능력이 있다.

유혹에 저항하고 처음 결심을 끝까지 실행하려면 먼저 '선제적 예방 조치'를 해야 한다. 본인의 성격이나 성향은 본인이 가장 잘 안다. 자신에게 스스로 질문해보라. 나는 처음 세운 계획과 결심을 잘 지키는 사람인가? 나는 유혹을 이기고 성과를 만들어내는 충동조절 능력이 있는가? 선제적 예방 조치란 자신이 세운 계획과 결심을 실천하기 힘들겠다는 생각이 들면 억지로라도 실행하도록 강제 조치를 미리 해두는 방법이다.

목표 공개 선언은 좋은 선제적 예방 조치다. '나는 상반기 중에 판매왕이 될 거야' 혹은 '나는 이달에 반드시 ○○건을 계약할 거야' 등의 결심을 주위에 선언하는 방법이다. 본디 인간은 다른 사람의 시선이나 평가에 예민하여 공개 선언을 하면 그만하고 싶은 유혹을 잘 견딘다. 결심과 계획을 공개하지 않고 혼자만 알고 있다면 포기하고 슬쩍 넘어가고 싶은 충동에 흔들리기 쉽다.

일부 영업인은 자신을 벼랑 끝에 세우는 선제적 예방 조치를 하기도 한다. 예를 들어 지금 수입에 살짝 부담되는 적금을 든다거나, 고급 승용차를 사서 부담을 늘린다. 자신이 더 열심히 일할 수밖에 없는 상황으로 몰아가는 방법이다. 도전을 좋아하고 주도성이 강한 성격이라면 해볼 만하다.

'대안 없애기'도 포기하고 싶은 유혹을 이기는 좋은 방법이다. 계획을 세우고 열심히 하겠다는 결심을 해도 집중력이 떨어질 때가 있다. 방해꾼을 만나기도 한다. 예를 들어 오후 1시부터 5시까지 세일즈 활동을 하기로 했는데 친구가 영화를 보러 가자고 하면 흔들릴 수 있다. 대안 없애기란 무엇을 하기로 정해놓은 시간에는 그 일 외에 아무 일도 하지 않는 방법이다. 세일즈 활동을 하기로 정했으면 오로지 세일즈 활동만 해야 한다. 그 시간에 비가 온다거나 고객에게 자존심 상하는 말을 들으면 중간에 활동을 멈추고 다른 일을 할 때가 있다.

그러나 비가 오더라도 다른 대안이 없으면 계획한 세일즈 활동을 계속할 수 있다. 고객 방문이 여의치 않다면 안부를 묻는 전화를 한다거나 고객과 약속을 잡기 위한 전화를 하면 된다. 자존심 상하는 일을 겪었다고 세일즈 활동을 포기하고 다른 일을 한다면 아마도 제대로 일할 날이 많지 않을 것이다. 정해놓은 시간 동안에는 오로지 세일즈 활동만 해야 한다. 물론 잠깐 쉴 수는 있다. 그러나 영화를 본다거나 낮잠을 잔다거나 친구를 만난다거나 쇼핑을 한다면 절대 목표를 달성하지 못한다.

영업인에게는 독서도 매우 중요한 자기계발 방법이다. 책을 읽지 않으면 훌륭한 영업인으로 성장할 수 없다. 앞에서 활동 목표를 적었다면 언제 어디서 독서를 하기로 계획을 세웠을 것이다. 처음 독서를 시도하는 사람이라면 30분도 쉽지 않은 시간이다. 정해놓은 시간을 다 채우지 못했는데 졸리거나 딴 생각이 나더라도 그 시간에는 다른 대안을 세우지 않는다. 그렇게 정해놓은 시간만큼 버티기를 반복하다 보면 어느 순간 독서도 습관으로 자리 잡는다.

사람은 누구나 유혹에 약하다. 의지력이나 집중력은 시간이 지남에 따라 떨어지기 마련이다. 그렇다고 내 몸이 시키는 대로 해서는 결코 뛰어난 영업인으로 성장할 수 없다.

미루는 습관이 있다면
3W를 만들어라

언제(When), 어디서(Where), 무엇을(What) 할지 사전에 정해놓기만 해도 미루는 습관을 극복할 수 있다. 예를 들어 '나는 잠자리에 들기 전 30분 동안(언제) 서재에서(어디서) 책을 읽겠다(무엇을)'고 정하는 것이다. 3W를 미리 정해놓으면 실행 가능성이 높다. 미루는 습관이 생기는 이유는 그 일이 싫기 때문이다. 즐거운 일이라면 미룰 이유가 없다. 추운 겨울이나 무더운 여름에 고객을 개척하는 일은 정말 안 하고 싶다. 이때 미리 3W를 정해놓으면 미루는 습관을 극복할 수 있다.

3W는 방아쇠와 같다. 방아쇠를 당겨야 총알이 나가듯 3W는 행동 개시를 알리는 장치다. '오늘은 점심을 먹자마자 전단지를 들고 사거리로 나가서 홍보 활동을 한다', '퇴근하면 바로 운동복으로 갈아입고 집 앞 초등학교에서 운동을 한다'와 같이 언제, 어디서, 무엇을

하겠다고 미리 정해놓는 방법이다.

　세계적인 CEO들의 리더십 멘토라 불리는 댄 히스와 금세기 최고
의 조직행동론 전문가로 통하는 칩 히스 형제가 쓴《스위치》에는
3W 계획 세우기가 극히 어려운 상황에 처했을 때 유용하다는 사실
을 실험으로 증명한 이야기가 나온다. 심리학자들은 '쉬운' 목표에
도전한 사람과 '어려운' 목표에 도전한 사람의 성취율을 분석했다.
쉬운 목표는 3W 계획 세우기를 이용해도 성취률이 78%에서 84%로
조금밖에 상승하지 않았다. 반면 어려운 목표에 도전한 이들은 3W
계획 세우기를 활용하자 성취율이 세 배 가까이 올랐다. 목표를 완
수한 사람도 22%에서 62%로 치솟았다.

　3W 계획 세우기가 어느 정도 효과를 발휘하는지 고관절 치환술
이나 무릎관절 치환술을 받은 환자를 대상으로 한 연구를 살펴보자.
환자들 평균 연령은 68세였으며 수술을 받기 전 통증을 경험한 기간
은 평균 1년 반 정도였다. 수술을 받은 후 초기에는 수술을 받기 전
보다 오히려 불편했다. 환자들은 목욕을 하거나 잠자리에 들거나 심
지어 자리에서 일어서는 일상적인 활동을 할 때도 도움이 필요했다.
회복에 이르는 길은 멀고도 고통스러운 법이다. 물론 빨리 낫기를
바라는 간절한 소망은 어느 환자나 마찬가지였지만 그중 한 그룹을
선택하여 3W를 설정하도록 했다. 예를 들면 이런 것이었다.

　"만약 이번 주에 산책을 나간다면 언제 어디로 갈 계획인지 적어
주세요."

결과는 놀라웠다. 3W 계획을 세운 환자들은 평균 3주 만에 혼자서 목욕을 할 수 있었다. 다른 환자들은 7주가 걸렸다. 그리고 이들은 3.5주 만에 일어섰다. 반면 다른 환자들은 7.7주가 걸렸다. 딱 한 달이 지나자 3W 계획을 세운 환자들은 스스로 차를 타고 내릴 수 있게 되었다. 다른 환자들은 2.5개월이 걸렸다. 3W 계획 세우기의 본질은 습관 만들기에 있다. 습관은 자동으로 행동을 유발한다. 다음은 영업인이 적용할 만한 3W 계획이다.

- 매일 저녁 식사 후 가망고객의 이름을 한 명 이상 수첩에 적는다.
- 출근하면 활동 시작 전에 가망고객 명단을 본다.
- 매주 금요일 점심 식사 후 가망고객과의 다음 주 식사 약속을 잡는다.
- 매주 수요일은 가망고객과 점심 식사를 한다.
- 매일 점심 식사 후 1시부터 3시까지 가망고객 1~2명을 만난다.
- 매주 목요일은 무조건 가망고객을 만나러 가서 세 명 이상과 접촉한다.
- 잠자기 전에 30분씩 독서를 한다.

별로 다를 것이 없어 보이지만 목표 달성 확률을 세 배로 높여준다. 3W 계획을 세우라는 말은 결국 계획을 명확하게 세우라는 말과 같다.

07

하지 말아야 할 일
목록을 작성하라

단풍 드는 날

도종환

버려야 할 것이
무엇인지를 아는 순간부터
나무는 가장 아름답게 불탄다

제 삶의 이유였던 것
제 몸의 전부였던 것

아낌없이 버리기로 결심하면서
나무는 생의 절정에 선다

방하착放下着

제가 키워 온
그러나 이제는 무거워진
제 몸 하나씩 내려놓으면서

가장 황홀한 빛깔로
우리도 물이 드는 날

나무는 이파리에서 흡수한 이산화탄소와 뿌리에서 끌어 올린 물이 햇빛을 받으면 영양분으로 전환된다. 광합성 작용이다. 나뭇잎이 푸른 이유는 엽록체 때문인데, 이 엽록체에서 광합성이 일어난다. 광합성은 강한 빛을 받을수록 양이 증가한다. 겨울이 다가올수록 빛의 세기는 약해지고 나뭇잎은 더 이상 광합성을 하지 못한다. 나무 처지에서 보면 영양분을 만들어내지 못하고 도리어 영양분을 축내니 나뭇잎은 필요 없는 존재다. 나무는 생존을 위해 나뭇잎을 버려야 한다. 비록 지금까지는 생존을 위해 필요했지만 상황이 변하면 바꿔야 한다.

사람도 마찬가지다. 때로는 과감히 버려야 할 때가 있다. 당신은 어떤 사람인가? 결심과 계획을 잘 실천하는 사람인가? 아니면 자주 포기하는 사람인가? 중요한 계획을 세우고도 다른 일 때문에 실패한 적은 없는가? 당신 인생에서 '이것'만 버리면 지금보다는 낫겠다고 생각하는 그 무엇이 있는가?

율곡 이이는 '자경문自警文'을 만들어놓고 실천했다. 자경문이란 스스로 경계하여 조심하는 글이다. 즉, 율곡이 일생 동안 이루어야 할 모습을 정하고 마음을 바로잡으려고 적은 글이다. 내용은 다음과 같다.

1. 목표를 크게 가진다.
2. 말을 적게 한다.
3. 마음을 안정되게 한다.
4. 혼자 있을 때에도 몸가짐이나 언행을 조심한다.
5. 옳고 그름을 알기 위해 독서를 한다.
6. 재물과 명예에 관한 욕심을 경계한다.
7. 해야 할 일에는 정성을 다하고, 하지 말아야 할 일은 단호히 끊는다.
8. 정의롭지 않은 일은 절대 하지 않는다는 마음을 가진다.
9. 누군가 나를 해치려고 한다면 스스로 반성하고 그의 마음을 돌리게 한다.
10. 밤에 잘 때나 병이 든 때가 아니면 절대로 눕지 않는다.
11. 공부를 게을리하거나 서두르지 않는다.

여기서 7번을 보라. 율곡은 하지 말아야 할 일은 단호히 끊어버렸다. 좋은 성과를 내는 영업인이 되려면 해야 할 일을 실천하는 것도 중요하지만 하지 말아야 할 일을 단호히 끊는 자세도 중요하다. 하지 말아야 할 일은 당신이 가는 길을 방해한다. 영양가 없는 쓸데없는 짓이다. 본인이 얼마나 많은 시간을 의미 없이 보내는지 알아보는 방법은 간단하다. 하루 24시간을 1시간 단위로 나누어 무슨 일을 하며 보내는지를 앞서 소개한 [표 2-5] 시간 사용 내역서에 3일만 적어보자. 앞에서 작성했다면 그 내용을 참고해도 좋다. 그러고 나서 시간을 어디에 사용했는지 통계를 낸다.

먼저, 중요한 일도 아니고 꼭 해야 할 일도 아닌 쓸데없는 일을 하며 낭비한 시간은 얼마나 되는지 계산한다. 텔레비전 시청, 게임, 지나친 취미 활동 따위가 해당된다. 이런 일은 적을수록 좋다.

그다음 성과를 내는 일에 사용한 시간을 계산한다. 가망고객 발굴, 고객과의 통화 및 상담, 고객을 만나러 가는 이동 시간, 고객관리, 수금, 배달 등이다. 많을수록 좋은 성과를 내는 영업인이다.

마지막으로 당장 성과를 내지는 않지만 길게 보면 세일즈에 도움을 주는 일에 사용한 시간들을 계산한다. 세일즈 관련 책 읽기, 교육받기, 계획 세우기, 고객 연구하기, 제품 공부하기 등에 투자한 시간이 여기에 해당한다.

당신은 어느 영역에 시간을 많이 쓰고 있는가? 시간을 투자하는가, 낭비하는가? 무엇을 해야겠다는 계획도 중요하지만 낭비하는 시간을 줄이려면 때때로 하지 말아야 할 일들의 목록을 만들어야 한다. 당신을 자극하는 어떤 것, 충동질하는 것, 몰입과 끈기를 방해하는 것, 열정을 식게 만드는 것을 하나하나 적어보자. 이런 것들은 의지력을 방해하여 성과를 떨어뜨리는 방해꾼이다. 다음 목록을 보자.

- 동료들과 카페에서 30분 이상 앉아 있지 않는다.
- 세일즈 활동 시간에는 영화 관람, 컴퓨터 게임, 취미 활동을 하지 않는다.
- 주 2회 이상 술을 마시지 않는다.
- 독서할 때는 절대 휴대폰을 보지 않는다.
- 나쁜 에너지를 내뿜는 사람과는 10분 이상 길게 대화하지 않는다.
- 다른 사람을 험담하지 않는다.

이 항목들에 해당되는 경우가 있는가? 이렇게 하지 말아야 할 일과 그만두어야 할 일의 목록을 작성하여 눈에 잘 띄는 곳에 붙여놓으면 볼 때마다 경각심이 생긴다.

앞서 언급했듯이 인내력이나 집중력은 시간이 지남에 따라 고갈되기 마련이다. 처음 결심을 지속적으로 실천하는 것은 누구에게나 어려운 문제다. 영업인은 더욱 그렇다. 유혹에 저항하고 처음 결심을 제대로 실행하기 위한 여러 가지 방법을 활용할 필요가 있다. 그것은 어느 순간 습관이 될 것이다.

08

반성해야
좋은 성과를 낳는다

중국 춘추전국시대, 공자의 제자인 증자는 항상 자신이 한 일에 잘 못한 점이 있는지를 반성했다. 증자는 이렇게 말했다.

"나는 매일 내 몸을 세 번 살핀다[吾日三省吾身]. 다른 사람을 위해 일을 하는 데 충실하지 않은 점이 있는지[爲人謀而不忠乎], 친구를 사귈 때 믿음을 잃지 않았는지[與朋友交而不信乎], 스승에게 배운 내용을 제대로 익히지 못했는지[傳不習乎]."

실패하는 사람과 성공하는 사람을 비교하면 차이점이 많지만 그 중 하나가 '반성'이다. 과거를 살펴 잘못한 일을 고치기 위한 반성은 성공으로 가는 과정이다. 영업인도 마찬가지다. 반성이 없으면 좋은 성과를 얻지 못한다. 오늘 하루 충실하게 일을 했는지, 고객을 만났을 때 신뢰를 주었는지, 배운 내용을 실천했는지, 이 세 가지만 매일 반성해도 성과는 반드시 따라온다. 하루 활동을 반성하는 습관은 영업인을 성공으로 인도한다. 반성을 위한 좋은 방법은 활동일지 쓰기다. 활동일지를 쓰며 세일즈 활동을 되돌아보면 다음 세 가지 이익을 얻는다.

활동일지를 쓰면 두 번 실수를 예방한다. 모든 일이 그렇듯 세일즈 활동도 실수가 있기 마련이다. 그 실수를 적어놓고 기억해야 다음에 같은 실수를 막을 수 있다. 학생이 틀린 문제를 다시 풀어보는 공부법과 같다. 활동일지를 작성해야 계획한 대로 성과가 오르지 않았을 때 자신의 활동을 되짚어보며 무엇을 잘못했고 무엇을 잘했는지 따져볼 수 있다.

활동일지 작성을 괴로워하는 영업인들이 있다. 습관이 안 되어 그렇다. 활동일지가 무슨 효과가 있느냐고 따지는 영업인도 있다. 분명히 말한다. 효과가 있다.

활동일지를 쓰면 계획을 세밀하게 세울 때 도움이 된다. 적어놓지 않고 머리로만 기억하면 분명 빼먹는 일이 생긴다. 지난주, 지난달 활동일지를 들춰 봐야 다음 일정을 세밀하게 계획할 수 있다. 고객 관리를 위한 계획에도 놓치는 일이 없다. 고객 숫자가 늘면 관리를 좀 더 세심하게 해야 하는데 일지에 적어놓지 않으면 깜빡하고 잊는 일이 생긴다.

활동일지를 쓰면 생산성 분석이 가능하다. 활동일지에 방문 횟수, 상담 횟수, 매출액, 판매 수수료 따위를 기록하라. 이 항목을 꾸준히 기록하면 세일즈 생산성을 분석할 수 있다. 매출액과 판매 수수료를 각각 방문 횟수와 상담 횟수로 나누면 방문이나 상담 1회당 매출액과 판매 수수료가 얼마나 되는지 구할 수 있다. 높으면 생산성이 좋다는 뜻이고, 낮으면 생산성이 낮다는 뜻이다. 활동 생산성이 낮다면 세일즈 활동을 돌아보며 개선할 점이 무엇인지 살펴봐야 한다.

활동일지를 쓰지 않고도 좋은 성과를 내는 영업인이 있다고 해서 당신도 그 사람처럼 할 수 있다고 생각하면 오산이다. 몇몇 특별한 경우에나 그렇기 때문이다. 저 사람은 활동일지를 안 쓰고도 잘만 하는데 굳이 쓸 필요가 있을까 하고 의심하지 말라. 일단 믿고 쓰기 시작하라. 물론 이번 달에 활동일지를 안 쓴다고 다음 달 성과가 곤두박질치지는 않는다. 이달부터 활동일지를 쓴다고 다음 달 성과가 갑자기 올라가는 일도 없다. 결과는 몇 개월 후에 나타난다. 핵심은 꾸준함이다. 매일 활동일지를 쓰며 활동 내용을 되돌아보면 고성과 영업인이 되는 길로 들어서게 된다.

3장

!

수준 높은 고객을
만나라

가망고객 명단 작성이
기본이다

방문판매 대리점에서 도전반 강의를 할 때의 일이다. 도전반은 신인 교육을 마친 영업인들이 이수하는 단계로, 활동 방법을 가르친다. 대체로 입사 1년 미만 영업인들이 수강한다. 이들에게 가망고객 명단을 작성하라고 하면 술술 잘 써 내려가는 영업인이 있는 반면, 두세 명 쓰고는 더 쓸 사람이 없다고 펜을 내려놓는 영업인도 있다. 이럴 때면 다음과 같은 질문으로 명단 작성을 유도한다.

"김영옥 씨, 형제자매가 몇이죠?"
"1남 2녀예요."
"그럼 두 명 이름을 추가할 수 있겠네요."

그때서야 형제자매의 이름을 적는다.

"세탁소 이용하시나요? 그럼 세탁소 사장님도 쓰셔야죠."

"마트는 가세요?"

"평소 전화해서 수다 떠는 친구는 있죠?"

"정수기 관리해주는 사람이 한 달에 한 번 집에 오죠?"

몇 번 질문을 하면 그제야 알아차리고 가망고객을 찾아 적는다.

처음에 명단을 작성하라고 했을 때 몇 명밖에 적지 못하는 이유는 무엇일까? 영업을 해서 판매할 대상을 적지 않고 알아서 사줄 사람을 적기 때문이다. 쉽게 접근해서 말만 잘하면 사줄 사람은 많지 않다. 경제적으로 넉넉해서 평소 다른 사람의 부탁을 잘 들어주고 대인 관계를 잘했다 하더라도 10~20명 선이다. 그 이상도 있겠지만 평범한 가정주부라면 흔치 않은 일이다.

가망고객 명단을 작성할 때는 가까이에서 수시로 얼굴을 맞대는 사람의 이름을 모두 적어야 한다. 명단을 적기 전에 '이 사람이 사줄까? 아마 안 살 거야' 하고 지레짐작하면 안 된다. 구매를 할지 안 할지는 고객이 결정한다. 영업인은 제품을 잘 소개하기만 하면 된다. 명단을 작성할 때 지켜야 할 원칙은 다음과 같다.

첫째, 수첩에 가망고객 이름을 최대한 많이 적는다. 가망고객을 머릿속에만 넣어두지 말고 수첩에 적어야 한다. 여기에는 깔때기 법칙을 적용한다. 깔때기 안으로 많이 집어넣어야 깔때기 밑으로 빠져나오는 것이 많다. 가망고객 수첩에 많은 사람을 적을수록 구매고객으로 전환되는 수가 많다는 뜻이다. 당연하지 않은가.

둘째, 명단을 적기 전에 지레짐작으로 제외하는 사람이 없어야 한다. 처음에 이름을 적으라고 할 때 몇 명밖에 적지 못하는 이유는 '그 사람은 안 살 거야', '그 사람은 살 형편이 안 돼', '그 사람한테는 너무 부담될 거야' 등의 지레짐작을 하기 때문이다. 영업인이 해야 할 일은 자신이 취급하는 제품을 소개하는 일이다. 구매결정은 고객의 몫이지 영업인이 할 일이 아니다. 고객을 만나기도 전에 미리 판단해서는 안 된다. 어느 구름에 비 올지 모른다는 말을 기억하자.

셋째, 명단에 있는 사람은 모두 접근을 시도한다. 명단을 작성했다면 가망고객에게 접근하여 제품을 소개해야 한다. 이름만 적어놓고 만나서 상담하지 않으면 소용없다. 친하지 않은 사람에게 전화를 걸어 약속을 잡는 일은 영업인이 특히 싫어하는 일이지만 그래도 해야 한다. 하지 않으면 세일즈를 할 수 없다. 효과적인 고객 접근 방법은 뒤에서 따로 설명한다.

넷째, 날마다 가망고객 수를 늘려나간다. 영업인의 생명은 가망고객 수에 달려 있다. 끊임없이 고객 명단을 확보해나가야 한다. 이는 날마다 해가 뜨고 지는 것과 같이 일상이 되어야 한다.

이제 이 원칙들에 따라 가망고객 명단을 작성해보자. [표 3-1]은 가망고객 명단 양식이다. 최대한 많이 적는다.

[표 3-1] 가망고객 명단

번호	이름	연락처	직업/정보

02

고객마다 접근 방법을
다르게 하라

가망고객 명단을 작성했다면 이제 친한 정도에 따라 상, 중, 하로 나누어보자. 아주 친한 사람은 상, 보통 친한 사람은 중, 얼굴만 알고 지내는 사람은 하다. 상에는 가족, 친지, 자주 연락하는 친구나 지인을 포함시킨다. 중에는 이웃, 동창, 동호회 회원, 친목회 회원을 포함시킨다. 이 중에도 아주 친한 사람은 상에 넣는다. 하에는 만나면 인사를 나누는 정도의 동네 사람, 상가 자영업자 등을 포함시킨다.

명단에는 바로 만나러 가도 불편하지 않은 가망고객도 있지만 직접 찾아가기는 쑥스럽고 어색한 가망고객도 있다. 이렇게 약간 불편한 고객이 문제다. 영업인은 이때 스트레스를 받는다. 불편한 고객에게 전화를 걸어 약속을 잡는 일부터 어렵게 느껴진다. 이런 경우에는 먼저 인사장, 좋은 글, 가벼운 선물 등을 보내는 것이 좋다. 판매 제품이 화장품이나 건강기능식품이라면 견본품과 함께 사용 요령과 효능을 적은 메모를 동봉한다. 보험 영업인은 고객이 좋아할 만한 정보나 선물을 보내는 것이 좋다. 한두 번 보내고 나면 가망고객 쪽에서 먼저 연락이 오기도 한다. 영업인이 먼저 연락을 취해도 된다. 이처럼 고객에 따라 접근 방법이 달라야 한다.

친밀도 상, 중, 하에 따라 가망고객에게 접근하는 방법을 자세히 알아보자. [표 3-2]에 가망고객별 접근 방법을 정리했다.

[표 3-2] 가망고객별 접근 방법

친밀도	가망고객	접근 방법
상	가족, 친지, 자주 연락하는 친구나 지인	① 입사 동기, 일을 하는 이유, 목표, 계획 설명하기 ② 회사와 제품의 우수성 알리기 ③ 고객이 필요한 제품 파악하기
중	이웃, 동창, 동호회 회원, 친목회 회원	① 선물 제공 　(부담도 없고 받으면 좋아할 만한 선물) ② 입사 동기, 일을 하는 이유, 목표, 계획 설명하기 ③ 회사와 제품의 우수성 알리기 ④ 고객이 필요한 제품 파악하기
하	만나면 인사를 나누는 정도의 동네 사람, 상가 자영업자	① 아주 간단하게 입사 사실 알리기 ② 선물 제공 　(부담도 없고 받으면 좋아할 만한 선물) ③ 사무실 행사 초청, 부담 없이 놀러오라고 권하기

상에 속한, 아주 친한 사람을 만나자마자 제품을 설명하며 판매에 열을 올리는 것은 초보나 하는 행동이다. 이들에게 가장 먼저 할 일은 입사 동기, 일을 하는 이유와 목표 및 계획을 설명하는 것이다. 그

다음 회사와 제품이 얼마나 우수한지 알리고, 고객에게 필요한 제품이 무엇인지 파악하는 단계를 밟아야 한다. 그 후 판매 상담에 들어가야 무리가 없다.

중에 속한, 보통으로 친한 사람에게는 먼저 선물을 보낸다. 부담은 없지만 고객이 좋아할 만한 선물은 마음을 열게 한다. 그 후에 만나 입사 동기와 일을 하게 된 이유를 말하고, 앞으로의 꿈과 계획을 설명하며 서서히 다가가는 것이 요령이다. 그다음에 회사와 제품의 우수성을 알리고 나서 고객에게 필요한 제품이 무엇인지 파악한 후 판매 상담에 들어가면 된다.

하에 속한, 얼굴만 알고 인사만 나누는 사이라면 아주 간단하게 입사 사실을 알리는 것이 맨 처음 할 일이다. 그 후 부담도 없고 받으면 좋아할 만한 선물을 보내고 기회가 있을 때 사무실 행사에 초청하거나 편하게 놀러오라고 권하면 좋다. 그다음 순서는 상과 중에 속한 가망고객과 같은 방법이다. 즉, 입사 동기, 일을 하는 이유와 목표 및 계획을 설명하고, 회사와 제품의 우수성을 알리고 나서, 고객에게 필요한 제품이 무엇인지 파악한 후 본격적인 상담에 들어간다.

가망고객을 만나고 나면 그 결과를 적는 습관도 중요하다. [표 3-3]은 가망고객을 만난 후에 결과를 정리하는 양식이다. 1회, 2회 만날 때마다 특이 사항을 정리해놓으면 다음에 고객을 방문할 때 참고할 수 있다. 바쁘고 귀찮더라도 작성해나가다 보면 성과로 이어진다.

이때 눈여겨볼 사항이 있다. 고객을 평균 몇 번 방문했을 때 계약으로 연결되는가 하는 점이다. 평균 4회 방문 만에 90% 이상 계약을 한다면 굳이 5회, 6회 이상 방문하며 에너지를 낭비할 필요가 없다. 새로운 고객을 찾아 나서는 것이 더 효율적이다.

[표 3-3] 가망고객 상담 기록

날짜	이름	1회	2회	3회	4회	5회	고객 정보/판매 제품

고객을 찾아가
이름을 불러주어라

30~40년 전 우리나라는 가난했다. 지금은 세계적으로 경제 강국을 이루고 국민의 교육 수준은 높은 편에 속하는 나라가 되었다. 그런데 30~40년 전에는 10만 명당 아홉 명 정도가 자살한 반면, 현재는 10만 명당 서른여섯 명이 자살을 한다. 풍요가 사람을 외롭고 우울하게 만들었다. 당신의 고객은 지금 어떤 상태일까? 외로울지 모른다. 그런 고객을 찾아가서 이름을 부르며 소통하는 것은 영업인이 할 수 있는 대단한 일이 아닐 수 없다.

영업인에게 인간관계 능력은 중요하다. 영업인 대다수가 여성인 점은 우연이 아니다. 여성에게는 타인과 공감하며 보살피는 인간관계 능력이 잠재되어 있기 때문이다. 심리학자 셸리 테일러는《너와 나를 묶어주는 힘, 보살핌》에서 여성들이 어떻게 보살피는 능력을 갖추도록 진화했는지 설명했다.

지금으로부터 몇 만 년 전으로 돌아가보자. 어느 부부가 살고 있었다. 그 당시 남성들은 주로 사냥을 해서 먹을 것을 해결했고, 여성들은 아이들을 돌보며 집 주변에서 채집 활동을 했다. 어느 날 무시무시한 맹수가 나타났다고 가정해보자. 이때 여성과 남성은 각각 다른 행동을 취할 수밖에 없었을 것이다. 남성은 어떻게 했을까? 맞서 싸우든지 도망가든지 둘 중 하나다. 여성은 그렇게 할 수 없었다. 무시무시한 맹수가 나타났다고 어머니가 아이를 놔두고 도망가버린다면 어떻게 되겠는가. 여성은 조용히 아이를 감싸고 맹수 눈에 띄지 않도록 교묘히 몸을 피했을 것이다. 겁에 질린 아이를 달래서 조용하게 진정하도록 하고, 주의를 끌지 않도록 몸을 숨길 수 있게 만드는 능력이 보살핌인데, 여성들은 수만 년 동안 아니면 그보다 오랜 시간 동안 '보살피는 능력'을 갖추도록 진화했다.

영업인에게 이 보살피는 능력이 왜 필요할까? 고객발굴, 상담, 계약 체결, 고객관리로 이어지는 세일즈 과정에서 보살피는 능력이 없으면 무엇 하나 순조롭지 않다. 고객을 자주 찾아가서 대화하고, 고객의 이익을 우선으로 생각하며, 계약 체결 후에도 구매한 제품을 제대로 사용하는지, 효과는 있는지 따위를 관리하는 보살핌이 충성고객을 만든다. 재구매 여부나 좋은 입소문과 나쁜 입소문 등의 문제는 모두 고객관리에 달려 있기 때문이다. 고객관리가 바로 고객 보살핌 아닌가. 여성은 고객관리 방법을 배우지 않더라도 어떻게 보살펴야 하는지 본능으로 안다. 그렇게 진화해왔기 때문이다.

자이언스 법칙

고객은 처음 보는 영업인을 경계한다. 편하지 않다는 뜻이다. 이유는 간단하다. 영업인에게 거절 두려움이 있듯이 고객에게는 구매 두려움이 있기 때문이다. '요즘 형편도 안 좋은데 보험을 들어야 하나', '아직 차를 바꿀 때가 안 됐는데', '지난번에 산 화장품도 아직다 안 썼는데' 하고 생각하며 낯선 영업인에게 불안감을 느낀다. 이런 불안감은 자주 얼굴을 보면 사라진다.

고객에게 신뢰를 얻는 가장 쉽고 간단한 방법은 잦은 방문이다. 이를 에펠탑 효과라고 한다. 에펠탑 설계도를 처음 발표했을 때 많은 프랑스 시민들이 반대했다. 도시 한가운데에 삐쭉 솟을 철골 구조물 모양에 불편함을 느꼈다. 지금은 어떤가. 에펠탑은 파리의 상징이 되었다. 프랑스를 여행한 사람치고 에펠탑에서 찍은 사진이 없는 사람을 본 적이 없다. 에펠탑을 세우고 100여 년이 흐르는 동안 자꾸

보니 정이 들었다. 사회심리학자 로버트 자이언스는 인간관계에는 세 가지 법칙이 있다고 주장했다. 이것이 '자이언스 법칙'이다.

1. 사람은 모르는 타인에게 공격적이고 비판적이며 냉담하게 반응한다.
2. 사람은 만나면 만날수록 호의를 느낀다.
3. 사람은 인간적인 측면을 알게 되면 호감을 느낀다.

답은 고객을 자주 찾아가는 것밖에 없다. 고객을 자주 찾아가서 이름을 불러주자. 고객은 꽃이 된다. 고객을 꽃으로 만들면 당신도 꽃이 된다.

고객을 만나기 전
예습을 하라

　방문판매는 찾아오는 고객보다 찾아가서 만나는 고객이 많다. 그런데 가망고객을 만나러 갈 때 무조건 들이대는 방법은 실패 확률만 높인다. 학생에게 예습이 중요하듯이 영업인에게도 예습이 중요하다. [표 3-4]에 있는 질문은 영업인이 고객을 만나기 전에 무엇을 챙겨야 하는지 알려준다. 처음 만나러 갈 때 할 예습이 있고, 한두 번 만나고 나서 판매 상담을 하기 전에 할 예습이 있다. 예습 후 판매 상담에 들어가면 성공 가능성이 크다.

　[표 3-4]의 맨 위에 있는 칸에 가망고객 이름을 적은 후 준비할 사항에 적힌 질문의 답을 찾아보자. 처음에는 종이에 적어야 할 만큼 느리고 답답하겠지만 몇 번만 해보면 그 후부터는 머릿속으로만 예습해도 충분하다.

[표 3-4] 고객을 만나기 전 준비할 사항

가망고객 이름: ○○○		
단계	준비할 사항	해결책
처음 단계	고객을 기분 좋게 하는 방법은 무엇일까?	
	고객이 마음을 열게 하려면 어떻게 해야 할까?	
	어떤 선물을 좋아할까?	
	입사 동기, 일을 하는 이유, 계획은 어떻게 설명할까?	
	회사와 제품의 우수성을 어떻게 알려야 효과적일까?	
	고객이 필요한 제품을 파악하려면 어떻게 질문해야 할까?	
	고객이 우리 제품에 호기심을 갖게 하려면 어떻게 해야 할까?	
	고객에게 어떤 문제가 있을까?	
다음 단계	어떤 질문이 구매욕구를 자극할까?	
	고객이 문제를 해결하지 않으면 어떤 불이익이나 위기가 있을까?	
	판매 마무리는 어떻게 할까?	
	가격이 비싸다고 하면 어떻게 대응할까?	
	다음에 구매하겠다고 망설이면 어떻게 대응할까?	
	구매를 거절하면 어떻게 대응할까?	

[표 3-4] 고객을 만나기 전 준비할 사항에는 세일즈 과정이 전부 들어 있다. 그냥 무심코 책장을 넘기지 말고, 내일 당신이 만날 고객의 이름을 적고 질문에 답을 찾아보자. 혼자서 답을 찾을 수 없다면 다른 사람에게 질문을 해서라도 답을 찾도록 노력하라. 세일즈 관련 책을 뒤적거리며 해결책을 찾아보자. 한번 두번 하다보면 습관이 되고, 어느새 당신은 실력 있는 영업인으로 성장한다.

06

내 수준이 올라가야
수준 높은 고객을 만난다

"여러 번 방문해서 직원들에게 정성을 기울였는데 저렴한 제품만 몇 개 팔고는 큰 재미를 못 보고 있어요. 이유가 뭘까요?"

"그곳이 어떤 곳이죠?"

"작고 평범한 회사예요."

"거기서 일하시는 분들은 대체로 어떤 분들이죠? 생활 수준은 어떤가요?"

"40~50대 주부들인데 대부분 일용직이라 소득이 높진 않아요. 옷차림을 보면 형편도 넉넉하진 않은 듯하고요."

화장품을 방문판매하는 영업인과 나눈 대화다. 영업인이 아무리 열심히 뛰어다니고 세일즈 기술이 좋아도 구매력 없는 고객을 상대한다면 좋은 성과를 거둘 수 없다. 유유상종이라는 말이 있다. 비슷한 사람끼리 어울린다는 뜻이다. 일부 영업인들은 자신과 수준이 비슷하거나 조금 아래인 고객을 편하게 여긴다. 자신보다 수준이 높은 고객은 왠지 부담스러워하고 꺼린다. 영업인 수준이 높으면 만나는 가망고객도 수준이 높고, 영업인 수준이 낮으면 만나는 가망고객 수준도 낮을 수밖에 없는 이유다. 영업인 수준이 올라가야 수준 높은 고객을 만날 수 있다는 사실을 명심하라.

자신의 겉모습을 점검하고, 내면을 진지하게 살펴보라. 내면은 눈에 보이지 않지만 말과 행동으로 나타난다. 아무리 좋은 옷을 입고 좋은 액세서리를 달고 겉모습을 근사하게 꾸몄어도 입에서 나오는 말이 겉모습을 받쳐주지 못하면 수준 높은 고객을 만날 수 없다. 내면의 수준을 높여야 어느 고객을 만나든지 당당하다.

그렇다면 내면의 수준은 어떻게 높여야 할까? 독서는 모두에게 그렇듯 영업인에게도 내면 수준을 높이는 가장 쉬운 방법, 즉 저비용 고효율 방법이다. 영업을 한다고 해서 세일즈 관련 책만 읽어서는 안 된다. 때로는 소설과 시도 읽어야 한다. 자기계발서도 읽어야 한다. 역사서도 중요하다. 신문 기사 읽기는 필수다. 소설과 시는 감성을 풍부하게 한다. 고객에게 짧은 메시지를 보낼 때 시 한 구절을 인용하면 감동이 있다. 시를 이루고 있는 강력한 감성 언어들이 감동을 주기에 충분하다. 자기계발서는 단순한 충전이 아니라 건전지 수명 자체를 늘린다. 무슨 뜻일까? 영업인을 덜 지치게 만든다는 뜻이다. 역사서는 넓고 깊게 세상을 볼 수 있는 안목을 키워준다.

'준오헤어'가 '독서 경영'을 하는 이유도 직원들의 수준을 높이려는 의도다. 미용사가 미용 기술만 좋으면 수준 높은 고객을 만날 수 있다고 생각하는가? 절대 그렇지 않다. 수준 높은 고객을 상대할 만한 교양이 없으면 고객을 머물게 할 수 없다.

신문은 정보가 넘치는 바다다. 그만큼 고객에게 필요한 정보가 많다. 고객에게 필요하다 싶으면 바로 전송해줄 수 있는 세상이니 얼마나 좋은가. 세상의 흐름을 놓치지 않아야 고객과 수준 높은 대화를 나눌 수 있다.

내면의 수준을 높이는 또 다른 방법은 교육 참여다. 책을 통한 공부와 수양은 분명 필요하고 중요하지만 한계가 있다. 그 한계를 교육 과정에 참여함으로써 뛰어넘을 수 있다. 만약 당신 조직에 교육 프로그램이 없다면 스스로 찾아나서야 한다. 인터넷을 검색하면 많은 교육 과정이 있다. 교육을 위한 비용에 돈을 아끼지 말아야 한다. 교육은 투자다.

글쓰기도 내면의 수준을 높이는 좋은 방법이다. 요즘은 SNS를 활용한 비대면 세일즈가 활발하다. 고객을 찾아다니는 방문판매 기술도 분명 필요하지만 1대 백, 1대 천과 같이 불특정 다수를 대상으로 세일즈를 하려면 SNS를 활용해야 한다. 블로그, 카페, 페이스북, 카카오스토리, 문자 메시지 등을 효과적으로 활용하면 큰 성과를 얻을 수 있다. 이때 글쓰기는 기본이다. 블로그는 어느 정도 내용이 있는 긴 글을 올려야 하니 웬만한 글쓰기 능력으로는 엄두가 안 나겠지만 짧은 글을 올리는 페이스북이나 카카오스토리는 비교적 쉽게 접근할 수 있다.

그러나 짧은 글이라도 만만하게 보면 안 된다. 글에는 글쓴이의 수준이 묻어나기 때문이다. 띄어쓰기야 그렇다 치더라도 깊이가 없거나 횡설수설하는 글은 오히려 이미지를 깎아먹는다. 문장력이 좋으면 취급하는 제품을 설득력 있게 묘사할 수 있다. 고객에게 문장력은 그릇과 같다. 아무리 맛있는 음식이라도 쪽박에 담아놓는다면 누가 맛있게 먹겠는가. 아무리 좋은 내용이라도 글로 표현하는 능력이 없으면 설득력 있게 전달하지 못한다.

07

고객관리가
매출 활동이다

현실에서 연예인과 마주친 경험이 있다면 알 것이다. 실물로는 처음 보는데도 친근하게 느껴진다. 그래서 반갑게 인사를 한다. 왜일까? 영상 매체를 통해 많이 봐온 터라 친밀감을 느끼기 때문이다. 영업인이 고객과 자주 만나 얼굴을 보면서 대화를 많이 나누게 되면 자연스럽게 친밀감을 높일 수 있다. 전화 대신 얼굴을 보면서 이야기하고, 이메일 대신 직접 방문하는 것이 더 좋은 결과를 이끌어낸다. 친밀감은 어쨌거나 자주 봐야 생긴다. 영업인이 고객과 정기적으로 연락해야 하는 이유다. 오랜만에 만나 서먹서먹한 상태가 되어서는 재구매나 소개로 이어지지 않는다. 그전에는 편지나 DM 발송, 혹은 전화나 문자 메시지로 고객과 정기적인 연락을 취했지만 지금은 커뮤니케이션 수단이 훨씬 많아졌다. 스마트폰을 사용하면서 고객관리 방법도 바뀌고 있다.

카카오톡, 카카오스토리, 페이스북 등을 활용하면 고객과 수시로 연락할 수 있다. 카카오톡은 문자 메시지 단계를 넘어 사진이나 동영상도 쉽게 전송할 수 있다. 카카오스토리와 페이스북은 그야말로 혁명이라고 할 수 있다. 고객과 친구가 되면 그 사람의 일상사를 수시로 보며 댓글을 남길 수 있고, 나의 일상사를 고객이 볼 수 있도록 올릴 수도 있다. 친구 관계가 되면 하루에도 몇 번씩 고객과 댓글로 만날 수 있으니 굳이 얼굴을 보지 않더라도 친밀감을 유지할 수 있다. 그런데 카카오스토리나 페이스북을 지나치게 상업적으로 이용하는 영업인들이 있다. 자신의 스토리를 온통 상품 사진으로 도배하면 오히려 반감을 사게 되니 주의해야 한다.

이렇게 고객과 친밀감을 형성하기 위해 정기적으로 연락을 하려면 먼저 목표와 계획을 세워야 한다. 흔히들 매출 목표와 매출 계획은 있어도 고객관리에는 계획이 없다. 영업인이라면 계획적인 세일즈를 해야 한다. 그래서 나는 늘 주간계획표를 작성한 후에 활동하라고 강조한다.

주간계획표에는 당신이 1주일 동안 할 수 있는 고객관리 목표를 반드시 적어놓아야 한다. 예를 들어 '1주일간 기존 고객 일곱 명 만나기', '하루 세 명과 전화 통화하기', '주 1회 모든 고객에게 카카오톡이나 문자 메시지 보내기'와 같은 실천 목표를 세워놓고 실행해야 한다. 이때 누구를 언제 만날지, 누구와 언제 통화할지 미리 계획을 세워 주간계획표 약속과 실천사항란에 적어놓으면 깜빡하고 잊는 일도 없고 몰아서 연락할 필요도 없으니 유용하다. 매출에 쫓겨

신규 고객을 만나느라 바쁘게 활동하다 보면 기존 고객 관리에 소홀해지기 쉬운데, 계획을 세우고 시간을 잘 나누어 쓰면 빠뜨리지 않고 고객들을 관리할 수 있다.

고객관리 방법 중 많이 사용되고 효과도 좋은 것이 고객관리 카드 활용법이다. 그 많은 고객에 대해 일일이 다 기억할 수 없으니 고객관리 카드는 꼭 필요하다. 고객을 처음 만나서는 이름, 주소, 연락처 등 간단한 사항만 기록할 수밖에 없다. 그 후에는 만날 때마다 좀 더 자세하고 정확하게 적어나가되, 만나는 그날에 바로바로 적어야 잊어버리지 않는다. 그 가운데 꼭 적어야 할 사항이 상담 중 고객이 보인 반응인데, 여기에는 성격 특성도 포함된다. '약속 어기는 것을 싫어함', '성격이 까다로움', '가격을 깎으려고 함', '선물을 좋아함' 따위를 적어놓으면 고객을 만날 때 미리 대비할 수 있다.

고객카드 정보가 정확해야 그것을 바탕으로 경조사를 챙기고, 구매주기를 알 수 있다. 고객카드가 너덜너덜해질 때까지 보고 또 보며 연구해야 고객이 무엇을 원하는지, 무엇을 하고 싶어 하는지, 무엇이 필요한지를 알 수 있다. 고객을 제대로 알지 못하면서 어떻게 고객관리를 한단 말인가.

불만고객 감정에
공감하라

잔뜩 화난 고객이 앞에 있으면 우선 고객의 감정부터 처리해야 한다. "정말 실망하셨겠어요" 하고 말하며 공감해주면 고객은 누그러진다. 고객이 유대감을 느끼면 문제가 해결되지 않더라도 당신 대답에 귀를 기울일 가능성이 높아진다. 고객이 당신에게 응어리가 남아 있더라도, 당신의 대응을 목격한 다른 사람들은 당신을 분별 있고 친절한 사람이라고 생각한다. 따라서 신뢰는 더 많이 쌓이고 당신은 공정하다는 평가를 받는다.

소셜 네트워크 전문가 타라 헌트가 쓴《우피경제학》에 나오는 버진 아메리카 항공사 사례는 고객 분노 반응에 어떻게 대처해야 하는지 알려준다.

어느 날 목적지 공항의 악천후로 비행시간이 지연되어 승객들은 3시간 후에 출발할 수 있다는 말을 들었다. 그때 정장을 차려입은 한 승객이 카운터로 다가가 불만을 토로했다. 그는 비행기가 늦게 출발하면 다른 공항의 환승 시간을 놓쳐 중요한 회의에 참석하지 못할 것이라며 흥분했다. 그러나 그 승객이 화난 것은 단지 이번 비행 때문만은 아니었다. 그는 버진 아메리카 항공사의 비행 지연이 이번만이 아니라 자주 일어나는 일이라며 큰소리로 고함을 질러댔고 다른 사람들도 그의 말을 듣게 되었다. 그러자 카운터를 지키던 한 여직원이 승객의 말을 주의 깊게 듣고서 훌륭하게 대답했다.

"실망스러운 점은 알겠습니다. 이번 비행기 지연에 대해 제가 도와드릴 방법은 없지만 다른 비행편과 환승 비행기를 알아보고 제시간에 목적지에 도착할 수 있도록 도와드리겠습니다."

이러한 대응은 그 승객의 흥분을 가라앉힌 것은 물론이고, 주위에서 듣고 있던 다른 승객들도 그 항공사 직원의 친절함을 칭찬하기 시작했다. 또한 이들은 다른 항공사에서 겪은 형편없는 서비스에 대한 이야기까지 주고받았다. 그 직원의 적극적이고 공감적인 대응은 그 장면을 목격한 다른 승객들의 우피(좋은 평판)를 쌓는 데도 크게 도움이 되었다.

이 사례처럼 고객이 노발대발 열이 나서 불평불만을 쏟아낼 때는 고객에게 공감하며 끝까지 경청하는 것이 중요하다. 고객이 진정할 때까지 차분히 들어주어야 한다. 영업인이라면 여러 번 겪은 일이라 고객이 첫마디만 떼도 무엇을 말하려는지 알 것이다. 그렇다고 고객의 말을 중간에서 자르고 다 안다는 듯이 말해도 안 된다. 고객은 처음 겪는 일이기 때문에 본인은 다 알고 있는 이야기라도 끝까지 듣고 진심으로 공감해야 한다. "고객님 걱정 많이 하셨죠? 저라도 그랬을 겁니다. 다 이해합니다"라고 한 다음 "혹시 다른 문제나 궁금한 점은 없나요?" 하고 질문해야 한다. 고객이 충분히 자기 이야기를 하도록 유도하라. 그러면 곧 당신을 신뢰할 것이다.

불평하는 고객이 있는 반면, 불만이 있어도 말하지 않는 고객도 있다. 다시는 거래하지 않겠다고 속으로 생각하는 것이다. 불만을 이야기하지 않는다고 해서 100% 만족한다고 생각하면 안 된다. 그렇지 않다.

고객이 불만을 말하기 전에 미리 불편 사항을 질문하면 어떨까? 다음 질문들을 응용하여 활용하면 효과가 있다.

- 저와 거래하면서 불만족스러운 점 한 가지만 알려주시겠습니까?
- 제가 어떻게 하면 고객님께 도움이 될까요?
- 고객님이 원하시는 부분이 해결되었습니까? 혹시 그렇지 못한 점이 있다면 말씀해주세요.
- 지난번에 구입하신 제품은 잘 사용하고 계신지요? 사용 방법을 다시 한 번 설명해드릴까요?

말하기 껄끄러운 점을 먼저 질문해주고 고객이 마지못해 대답하면 그 점을 개선하려고 노력하라. 고객의 신뢰를 얻는 지름길이며 재구매는 틀림없다. 오늘 안으로 새로운 고객을 소개하겠다고 전화할지 누가 알겠는가.

형제자매 고객도
철저히 관리하라

영업인이 아무 생각 없이 자주 하는 실수가 가족 고객에게 소홀한 것이다. 영업인을 대상으로 강의를 하다보면 이런 하소연을 자주 듣는다.

- 여동생이 제법 잘사는데, 이번에 물건을 받더니 '언니, 이번이 마지막이야. 다음부터는 갖고 오지 마!'라고 해서 아주 속상했어요.
- 고등학교 때부터 아주 친한 친구라 지금까지 저와 거래를 해왔는데 다른 영업사원에게 고객을 소개해주었더라구요. 얼마나 섭섭하던지……
- 오빠한테 제품을 권하려고 해도 올케 눈치가 보여서 말을 못하겠어요.

형제자매나 아주 친한 친구는 관리하지 않아도 영원히 내 고객이라고 쉽게 생각한다. 착각이다. 인간관계는 복잡하고 다양해서 아주 친한 친구에게도 나만큼 친한 다른 친구가 있을 수 있다. 형제자매에게도 가족처럼 지내는 친구가 있을지 모른다. 언제나 충성고객이라고 생각하면 오산이다.

가족이나 친한 친구라고 해서 무조건 구매해주리라 믿어서도 안 된다. 만약 당신에게 아주 친한 친구가 와서 어떤 물건을 사주길 바란다고 가정해보자. 이때 그 제품이 딱히 필요하지는 않지만 친구 얼굴을 봐서 구매한다면 가격이 얼마 정도면 부담이 없겠는가? 얼마나 친한지에 따라 차이가 있겠지만 아주 비싼 물건이라면 관계가 서먹해지더라도 거절하는 경우가 대다수다.

세일즈 기법 강의를 할 때 "여러분은 필요 없는 물건이지만 관계 때문에 물건을 사준다면 얼마 정도까지 가능하겠습니까?" 하고 질문을 한다. 그러면 평균 20~30만 원 선이라는 답이 가장 많다. 20~30만 원이 넘어가면 그 친구와 관계가 멀어지더라도 거절하겠다는 뜻이다. 물론 친한 정도나 경제력에 따라 금액이 높아질 수도 있지만 친하다고 무조건 구매하지는 않는다.

친한 친구나 가족이라도 세일즈 과정을 제대로 지켜야 한다. 문제와 욕구를 파악한 후 필요한 제품을 권하고, 사후 관리도 철저히 해야 한다. 입장을 바꿔 생각해보자. 당신의 언니가 영업인이라면 물건을 구매할 때 '언니니까 더 잘해주겠지' 하고 기대하지 않겠는가. 고객이 잘 아는 영업인에게 제품을 구매하는 이유는 더 좋은 서비스를 받을 수 있다고 기대하기 때문이다. 가족도 마찬가지다. 그런데 전혀 모르는 영업인보다 못하다면 얼마나 섭섭하겠는가.

가족이나 친지에게 세일즈를 하더라도 남들과 똑같이 문제를 해결하려는 자세를 유지해야 한다. "이거 좋은 거니까 한번 써 봐" 하며 제품의 효능이나 사용법 따위는 생략하면 물건을 사놓고도 방치하기 일쑤다. 게다가 관리까지 소홀하면 구매로 얻는 이익을 누리지 못한다. 좋은 줄 모르면 사용하지 않는다. 당연히 재구매는 없다. 가족이라도 제품 설명을 제대로 하고, 효과나 효능을 강조하여 제품을 사용하면 큰 이익을 본다는 사실을 알려야 한다.

이렇게 해야 하는 이유가 또 있다. 소개다. 가족 고객이라도 제품을 알아야 소개를 하든 말든 할 것 아닌가. 건강기능식품을 방문판매하는 30대 초반 김영업 씨는 요즘에도 이런 사람이 있나 싶을 정도로 순진했다. 신인 교육을 마친 후 열심히 일하겠다고 결심했지만 개척을 위해 문을 열고 들어가는 것부터 힘들어했다. 처음 개척판매를 나가서는 30분도 안 되어 들어왔다. 배가 아파서 도저히 다닐 수가 없었다고 했다. 고객방문 스트레스가 심했던 것이다. 그런 순진한 태도가 크게 도움이 되기도 했다. 가족 고객에게도 철저하게 제품 설명을 해야 한다는 교육을 받고 시어머니를 찾아가 배운 대로 설명을 했다고 한다. 그런 모습에 감동한 시어머니가 친구며 친척들을 소개해줘서 크게 용기를 얻게 되었다. 가족과 친지 뒤에도 수많은 가망고객이 있다는 사실을 늘 명심해야 한다.

4장

!

확실히 연습하여
성공 확률을 높여라

자신에게 부족한 점을
파악하라

　자신에게 부족한 세일즈 기술을 향상시키려면 어떻게 해야 할까? 가장 먼저 무엇이 부족한지 파악해야 한다. 부족한 부분을 찾아내서 집중적으로 반복 연습을 할 필요가 있다. [표 4-1] 세일즈 능력 자가진단표는 세일즈 능력이 어느 정도 수준인지 스스로 점검하는 도구다. 점수를 매겨보자.

[표 4-1] 세일즈 능력 자가진단표

전혀 아니다: 1　조금 아니다: 2　보통이다: 3　그렇다: 4　매우 그렇다: 5

	항목	점수
1	달성해야 할 분명한 목표가 있다.	
2	내가 수립한 세일즈 목표를 달성하기 위해 주간, 월간 단위로 나누어 실적을 점검한다.	
3	취급 제품에 대한 관련 지식이 충분해서 고객이 나를 신뢰하고 전문성을 인정한다.	

4	세일즈 활동을 할 때 고객에게 부담을 준다는 생각보다는 고객에게 도움을 준다는 자긍심을 품고 일을 한다.
5	고객발굴부터 고객관리까지 세일즈 전 과정을 체계 있게 실천한다.
6	세일즈 목표를 달성하기 위해 가망고객을 어렵지 않게 발굴한다.
7	고객에게 무엇이 필요한지 파악하는 능력이 있다.
8	판매하고자 하는 제품을 아무런 장애 요인 없이 고객에게 제안하고 판매하는 기술이 있다.
9	고객에게 구매결정을 유도하는 클로징 능력이 있다.
10	고객이 불만이나 이의를 제기하더라도 적절하게 처리하여 계약이나 구매로 연결한다.

당신은 몇 점인가? 열 문항 중에 특히 점수가 낮은 항목이 있는가? 그 항목이 당신에게 부족한 부분이다. 그동안 세일즈 성과가 좋지 않았다면 그것 때문이다.

많은 영업인이 세일즈 기술은 타고나야 한다고 생각한다. 자신에게 부족한 점이 있어도 대수롭지 않게 넘긴다. 주변에 상담을 잘하는 영업인이 있으면 그 사람은 말주변을 타고나서 잘할 뿐이라고 생각한다. 그렇지 않다. 성과를 내는 영업인은 고객을 만나기 전에 준비하고 연습한다. 자신에게 무엇이 부족한지 인정하지 않으면 결코 개선될 수 없다.

다양한 고객에게 적응하며 성과를 내려면 항상 준비해야 한다. 세일즈 관련 책을 읽거나 교육을 들을 때 무릎을 탁 치며 "진작 알았으면!" 하고 깨달아도 연습하여 익히지 않으면 다음 고객을 만나도 똑

같다. 당신은 새로운 상황에 당황하고, 고객은 당신을 의심의 눈으로 쳐다본다. 세일즈 과정 한순간 한순간이 중요한데 작은 실수로 낭패를 보는 일이 잦다면 당연히 좋은 성과를 내지 못한다.

철저하게 연습하라

세일즈 능력 자가진단표에서 부족한 부분을 찾아냈는가? 한 가지만 부족한 영업인도 있을 것이고, 몇 가지가 부족한 영업인도 있을 것이다. 몇 가지가 부족하더라도 한 번에 하나씩 잘할 때까지 연습하면 된다. 세일즈에도 습관이 있다. 그것을 하루아침에 바꾸기는 어렵다. 운동선수가 자세를 바꾸기 위해 훈련하는 모습을 생각해보라. 그들은 언제까지 연습을 할까? 잘할 때까지 한다. 프로들의 세계에서 살아남으려면 어쩔 수 없다.

부산에 강의를 하러 갔을 때 범내골역 사거리에서 구두를 닦으며 구둣방 사장님과 주고받은 이야기를 소재로 시를 썼다.

구두를 닦으며

오정환

부산 범내골역에서 구두 닦는 아저씨
열두 살에 시작해 거의 50년을 닦았단다
이 바닥에선 10년을 일해도 초보자야
나처럼 닦을 수는 없지 하시는데
자부심이 묻어난다

구두 닦는데 비가 더는 안 오겠죠? 했더니
구두는 원래 비 오는 날 닦는 거라며
그래야 오래 신을 수 있단다
어려울 때 준비하고 불경기 때 투자하라는
박사님들 말보다 더 현실감 있게 들린다

나는 얼마나 더 공부해야 이런 경지가 될까

진정한 프로가 되는 것은 자신이 하는 일에 자부심을 느끼며 오랜 시간 실력을 갈고닦아야 가능하다. 고객을 상대로 연습을 하려 한다면 완전히 잘못 짚은 것이다. 고객은 연습 상대가 아니다. 연습한 결과를 성과로 증명하는 상대다. 이론 교육을 마쳤으면 그다음에는 실습을 통해 몸에 배게 해야 한다. 영업인이 학생처럼 집에 가서 스스로 예습, 복습을 한다면 다행이지만 그런 영업인이 몇이나 되겠는가. 그래서 영업인끼리 하는 역할극이 중요하다. 동료들과 함께 하는 역할극은 세일즈 기술을 연습하는 유용한 방법이다. 동료가 잘못한 점을 알려주면 세일즈 기술을 향상시키는 데 도움이 된다.

세일즈를 처음 시작한 영업인이라면, 고객을 처음 만나 인사할 때부터 마무리할 때까지 전 과정을 대본으로 만들어본다. 연극배우가 대본 없이 무대에 서는 일은 없다. 영업인도 상담 대본을 만들어 자연스러워질 때까지 연습하면 지금보다 나은 성과를 얻을 수 있다. 상담 대본을 만들 때는 내가 주인공이 아니라 고객을 주인공으로 만들어야 한다. 역할극 대본을 만들 때 중요한 점은 다음 세 가지다.

첫째, 첫인상을 어떻게 만들지 생각하라. 머리 모양, 옷, 액세서리, 구두, 화장 따위를 하나하나 점검하며 고객을 만날 준비를 하라. 무엇 하나 중요하지 않은 것이 없다. 한 가지 때문에 고객에게 좋은 인상을 심어주지 못하면 100% 영업인 손해다.

둘째, 처음 하는 말이 중요하다. "안녕하세요. 한국그룹의 나한국입니다"라고 인사하고 바로 전단지를 내밀지, 뭔가 다른 말을 할지 고민하며 대본을 만들어야 한다. 여기서 고객의 마음을 여는 한마디가 중요하다. 칭찬을 할지, 호기심을 자극할 뉴스를 전할지, 아니면 고객의 답변을 유도하는 질문을 할지 정해야 한다. 이때 남들이 다 하는 흔한 말이 아닌, 호기심을 느낄 만한 말을 하라. 어떤 말을 하면 고객이 좋아할지, 어떤 말을 하면 하던 일을 멈추고 당신을 쳐다볼지 생각해보라. 경력자라면 경험으로 알겠지만 세일즈를 처음 시작한 초보라면 생각하고 또 생각하라. 잘 모르겠으면 선배들을 따라다니며 배워라. 선배는 어떻게 사람들이 하던 일을 멈추고 영업인에게 관심을 보이도록 만드는지 관찰하라.

셋째, 고객이 얻을 이익 강조가 핵심이다. 이익을 강조하는 방법은 뒤에서 자세히 다룬다.

성공과 실패를 기록하는 일도 세일즈 기술을 익히는 좋은 방법이다. 활동일지를 써야 하는 이유에서 이미 설명한 내용이다. 연습한 세일즈 기술을 활용하여 고객과 상담을 하고 난 후에는 무엇 때문에 성공했는지, 무엇 때문에 실패했는지 자세히 기록해둔다. 한두 번은 잔재주가 통할 수도 있다. 그러나 고객들과 오랫동안 거래하고 싶다면 재주를 부리기보다는 신뢰를 쌓아야 한다. 첫인상이 다소 불리하더라도 진실한 마음을 보여준다면 신뢰를 얻을 수 있다. 설득 요령, 가격 협상, 마무리 기법도 마찬가지다. 이런 기술들에 앞서 고객을 위하는 마음이 가장 중요하다. "물건을 팔지 말고 자기 자신을 팔라"는 말은 그래서 값지다.

오랜 세월 세일즈 현장에서 수많은 영업인을 지켜보았다. 많은 영업인이 몇 개월, 길어야 1년 안에 이직하는 현실이 안타까웠다. 반면 10년, 20년 꾸준히 일하며 돈도 벌고 명예도 얻고 보람도 얻는 영업인을 수없이 보았다. 그들을 관찰해보면 기교나 기술로 세일즈를 하지 않는다. 그들의 공통점은 열정과 성실함, 그리고 진실이다. 이러한 덕목들을 갖춘 영업인이라면 말이 다소 어눌해도, 첫인상이 썩 좋지 않아도, 공부를 그리 많이 하지 않았어도 세일즈 현장에서 두터운 신뢰를 얻으며 성공했다.

세일즈는 이론보다 실행이 중요하다. 실행력 없이 책만 탐독해서는 좋은 성과를 내지 못한다. 책에서 배운 방법을 오늘 당장 현장에 적용해야 한다. 공부한 내용이 고객에게 안 먹힐 때도 있다. 이유는 두 가지다. 첫째는 아직 완벽하게 소화하지 못했기 때문이고, 둘째는 모든 고객이 각자 다 다르기 때문이다. 공부한 내용을 완벽한 내 것으로 만드는 연습이 필요하다. 그래야 고객에 맞게 적용할 여유도 생긴다.

가벼운 대화로
시작하라

고객을 처음 만난 날은 가벼운 주제로 이야기를 시작하는 것이 좋다. 가벼운 주제는 부담을 주지 않고 고객을 편안하게 해주기 때문이다. 입장을 바꿔 생각해보자. 영업인이 방문하자마자 판매에만 열을 올린다면 거부감이 들지 않겠는가. 가벼운 대화는 서로의 감정을 연결해주면서 친밀감을 형성하는 과정이다. 물건만 팔러 온 사람이 아니라는 인상을 주는 것이다. 고객을 칭찬하거나, 공통점을 찾을 만한 질문으로 가벼운 대화를 시도해보자.

- 고향이 어디세요?
- 이 동네 사신 지는 얼마나 되셨어요?
- 어머! 그림 감상을 좋아하시나 봐요.

- 사장님은 사업에 성공하신 특별한 방법이 있나요?
- 사장님은 지역에서 좋은 일을 많이 하시나 봐요.
- 회사에 들어서니 직원들 표정이 정말 밝아 보여요.

처음 세 가지는 공통점을 찾는 질문이다. 고객과 고향이 같다면 얼마나 좋을까? 고향에 관한 이야기로 대화를 시작하면 된다. 고객과 취미가 같다면 취미 활동도 함께할 수 있다. 다음 세 가지는 고객을 칭찬하는 질문이다. 고객에게 자신을 자랑할 기회를 준다. 영업인은 고개를 끄떡이며 감탄하고, 놀라고, 추가로 칭찬을 덧붙이면 된다. 가벼운 대화를 위한 주제로는 다음과 같은 것들이 있다.

- 주거 환경: 아파트 구조가 참 잘 나왔네요. 전망도 좋고요.
- 여행: 여행 갔던 곳 중에서 어디가 가장 인상적이었나요?
- 신문 기사: 종합부동산세가 또 오른다고 하네요.
- 음식: 혹시 이 근처에 막국수 잘하는 식당을 알고 계세요?
- 옷차림: 오늘 양복이 정말 멋집니다.
- 사업: 사업을 시작하신 특별한 이유가 있나요?
- 가족: 부모님은 모두 건강하시죠?
- 날씨: 다음 주에 기온이 영하로 떨어진다는데, 김장은 하셨어요?
- 건강: 평소 건강관리를 잘하시나 봐요. 건강미가 넘치시네요.
- 분위기: 사무실 분위기가 훈훈한 게 정이 많은 분들만 근무하시나 봐요.

• 취미: 골프장은 주로 어디를 이용하시나요?

당신에게 적합한 주제도 있고 그렇지 않은 주제도 있을 것이다. 골프를 전혀 모르는데 아는 척하며 질문하기는 어렵다. 당신에게 어울리는 질문을 찾으면 된다. 중요한 점은 고객을 향한 관심이다. 고객의 취미나 선호하는 음식 등을 미리 알아내는 호기심이 중요하다. 그래야 딱 맞는 질문을 던지고, 고객의 마음속으로 들어갈 수 있다.

자연스럽게
세일즈로 넘어가라

그렇다고 계속 고객과 가벼운 대화만 나누는 것은 시간 낭비다. 어느 순간 주제를 자연스럽게 세일즈로 바꿔야 한다. 다음은 대화 주제를 바꿀 때 필요한 질문들이다.

- 요즘 건강관리는 어떻게 하시나요?
- 건강관리를 위한 특별한 방법이 있으신가요?
- 노후 준비는 어떻게 하고 계신가요?
- 사업을 하시면 세금 문제가 걱정일 텐데 절세 방법이 궁금하지 않으신가요?
- 이렇게 추울 때는 피부를 어떻게 관리하시나요?
- 때로는 자동차가 그 사람을 표현하지 않습니까?

건강기능식품 영업인은 얼굴이나 체형을 보며 질문할 수도 있다. 몸 상태가 안 좋은 사람은 얼굴에 나타나기 때문이다. 문제를 발견하면 "요즘 많이 피곤하신가 봐요?" 혹은 "얼굴이 부으셨는데 무슨 문제가 있나요?" 등의 질문을 해보자. 마음이 열려 있는 고객이라면 건강 상태를 상세하게 말해준다.

고객의 문제나 욕구를 탐색하는 과정은 자신감이 없으면 힘들다. 제품이나 서비스로 고객의 문제를 해결할 수 있다는 자신감이 있어야 질문이 자연스럽다.

때로는 성급하게 많은 정보를 원하는 고객이 있다. 이런 고객에게는 제품의 정보보다 먼저 질문을 해야 하는 이유를 설명해줄 필요가 있다. 고객에게 더 많은 정보를 주고 더 나은 해결책을 제공하려면 몇 가지 질문이 필요하다고 말해준다. 고객이 받아들이면 고객의 문제를 더욱 명확하게 밝혀야 한다. 이는 가장 시급한 문제를 가려내는 데도 유용하다.

실력 없는 영업인은 문제를 다 밝혀내지 않은 채 성급하게 해결책을 제시한다. 고객의 문제 가운데 어느 것이 더 급하고 중요한지 따져보지 않고 제품의 장점과 특징을 늘어놓기 바쁘다. 이런 태도는 고객이 구매를 거절하는 빌미를 제공한다. 다음과 같이 질문해야 고객의 문제를 충분히 파악할 수 있다.

• 고객님의 문제를 함께 이야기하고 싶습니다. 이 제품을 구매하

서서 얻고자 하는 것이 무엇입니까?

- 먼저 고객님의 현재 상황을 자세히 말씀해주실 수 있겠습니까?
- 가장 중요하게 생각하는 고객님의 문제는 무엇입니까?
- 가장 시급하게 해결할 문제가 무엇입니까?

질문을 하면 고객은 대답을 한다. 이때 고객이 한 말을 모두 이해했다고 생각하면 오산이다. 같은 단어라도 의미를 다르게 해석한 탓에 종종 문제가 발생하기도 한다. 다시 한 번 확인하는 과정이 필요하다.

- 고객님 생각을 제가 제대로 이해했는지 확인해보겠습니다. 고객님이 이 제품을 쓰고자 하는 목적이 면역력 강화라는 말씀이시죠?
- 고객님이 은퇴 후 안정적인 경제생활을 하기 위해 보험에 가입하겠다는 말씀이시죠?
- 고객님께서는 장거리 운행을 많이 하셔서 무엇보다 승차감을 우선으로 생각하신다는 말씀이시죠?

만나야 할 고객도 많고 계약도 빨리 성사시켜야 하는데 이런 번거로운 절차를 왜 거쳐야 하는지 궁금한가? 아직 고객과 신뢰를 쌓는 소통이 무엇인지 모르기 때문이다. 고객은 확실하게 업무를 처리하는 믿을 수 있는 영업인을 좋아한다. 빠른 진행보다 정확한 진행이 중요한 것이다. 이러한 절차가 오히려 시간을 절약한다. 신뢰를 얻는다. 고객의 문제와 우선순위를 정확히 알고 상담을 하면 잘못된 계약으로 인한 손실을 예방할 수 있다. 고객에게 맞지 않는 제품을 권유해서 나중에 문제가 발생하는 사고 따위는 일어나지 않는다.

병 주기 전략

　고객은 다양하다. 시원시원하게 제품을 구매하는 고객이 있는가
하면 영업인을 힘들게 하는 고객도 있다. 상식에 맞지 않는 가격으
로 사려는 고객도 있고, 이 핑계 저 핑계로 영업인을 애타게 하는 고
객도 있다. 당신 앞에 이런 고객이 있다면 어떻게 대처해야 할까? 먼
저 고객이 망설이는 이유를 알아야 한다. 고객이 망설이는 첫 번째
이유는 구매하지 않아도 문제될 것이 없기 때문이고, 두 번째 이유는
아직 확신이 없기 때문이다.

　이때 먼저 할 일은 '병 주기'다. 망설이는 고객한테 성급하게 제
품의 우수성을 강조하면 오히려 거부반응만 일으킨다. 좋지 않게
생각하는 고객, 의심 많은 고객, 망설이는 고객에게는 제품의 우수
성과 혜택을 나열하기 전에 먼저 '문제'를 키워야 한다. 문제의 심
각성을 강조하는 전략이 병 주기 방법이다. 구매하지 않으면 앞으

로 상황이 더 악화된다거나 문제가 점점 커진다고 은근히 겁을 주는 것이다. 즉, 당장 제품을 구매하지 않으면 손해를 보거나 위기에 빠지거나 상황이 더 나빠진다고 강조한다. 지금 당장 문제를 해결하지 않으면 앞으로 생길 더 큰 문제나 나쁜 결과가 머릿속에 그려지도록 하는 것이다. 머릿속으로 나쁜 결과를 상상하면 구매욕구는 커질 수밖에 없다.

- 고객님은 지금 혈압이 너무 높아요. 고혈압을 침묵의 살인자라고 하잖아요. 지금 혈압 문제를 해결하지 않으면 어떤 결과가 생길지 한번 생각해보세요.
- 고객님, 고혈압을 침묵의 살인자라고 하는 말 들어보셨죠? 고객님은 혈압이 높다고 하셨는데 지금 해결하지 않으면 어떤 결과가 생길지 한번 상상해보세요.

'생각해보세요', '상상해보세요' 라는 말을 들은 고객은 머릿속으로 어떤 생각을 할까? 가족력이 있다면 부모님이 뇌졸중이나 치매로 고생하다 돌아가신 일이 머릿속에 선명하게 그려질 것이다. 친구나 친척이 고혈압을 우습게 보고 방치하다가 큰일을 치른 경우도 생각날 것이다.

- 고객님, 노후에 생활비가 넉넉하지 않을 때를 생각해보세요.
- 간 기능이 더 나빠지는 상황을 상상해보세요.

- 자동차가 오래되어 사업에 악영향을 미친다고 <u>생각해보세요</u>. 차가 고물이면 안 좋은 이미지를 심어줄 수밖에 없습니다.
- 유비무환이라는 말이 있지 않습니까. 불확실하고 위험한 시대에 <u>준비하지 않으면 무척 곤란한 상황을 겪을 수도 있습니다</u>.

밑줄 친 말들이 어떤 느낌으로 다가오는가? 감성을 자극하는 어휘들이다. 고객의 머릿속에 그림을 그리도록 자극한다. 생각해보라는 말을 들으면 생각하지 않겠는가.

병 주기를 질문으로 하면 더욱 강력하고 세련된 화법이다. 문제를 해결하지 않으면 당하게 될 위기나 손해를 고객 스스로 말하도록 하는 방법이다. 사람은 스스로 말을 할 때 더 큰 위기감을 느낀다.

- 과체중으로 최근에 어떤 일을 겪으셨나요?
- 간 기능이 떨어지자 직장생활에 어떤 영향이 있던가요?
- 앞으로 체중이 계속 늘어난다면 어떤 문제가 있을까요?
- 혈액순환 장애가 일으키는 다른 문제는 무엇이라고 생각하세요?

- 고령화 사회에서 가장 큰 문제는 무엇일까요?
- 노후를 위한 특별한 대책이 없으면 자녀에게 큰 부담이 될 수 있다고 생각해보신 적은 없으신지요?

- 이직률이 높으면 생산성에 어떤 영향을 미치나요?

- 그것 때문에 어느 정도의 추가 비용이 발생하나요?
- 단가가 올라가면 고객들 반응이 어떨까요?
- 매출 하락이 미치는 영향은 어느 정도인가요?

질문을 받으면 생각하기 마련이다. 자신의 문제와 그 문제가 미치는 파급 효과를 스스로 고백한다. 문제가 심각하다는 사실을 스스로 깨닫는다. 질문은 설명보다 세다.

06

약 주기 전략 1

　고객은 왜 구매를 할까? 문제를 해결하거나 이득을 취하거나 만족감을 얻으려는 것이다. 이 사실을 영업인이 늘어놓기보다는 질문을 해서 고객이 말하게 하면 어떨까? 고객의 머릿속에 그림이 그려지지 않을까? 병 주기 전략으로 문제를 키우며 고객에게 위기감을 심어주었다면 그다음에는 해결 방법이 있다는 사실을 암시하여 약을 주어야 한다. 보험 영업인이면 이 부분은 건너뛰어도 좋다. 다음 꼭지에서 보험 영업인이 약 주기 전략을 어떻게 활용하면 좋을지 다룬다.

- 말씀하신 문제가 해결되면 어떤 점이 가장 좋아질까요?
- 간 기능 개선이 고객님께 왜 중요할까요?
- 고객님의 간 기능을 개선할 방법이 있다면 어떻게 하시겠어요?
- 지금보다 체중을 5kg만 줄인다면 어떤 모습일까요?

- 미백 화장품으로 얼굴이 밝아지면 지금보다 어떤 점이 좋아질까요?
- 염려하시는 문제를 해결할 방법이 있다면 어떻게 하시겠습니까?

이런 질문을 자연스럽게 하면 좋은 성과를 얻는다. 질문을 받은 고객이 본심을 말하지 않을 때도 있다. 예를 들어 홍삼을 구입하려는 고객에게 "왜 홍삼 제품을 구매하시려는 건지요?" 하고 질문하면 대부분은 "피곤해서요" 하고 대답할 것이다. 절대로 "남자한테 좋다고 해서⋯⋯"라고는 대답하지 않는다는 뜻이다.

약 주기를 제대로 하려면 고객의 욕구를 정확히 알아야 한다. 우선 [표 4-2]를 작성해보자. 먼저 가망고객 이름을 쓰고 그 고객의 문제를 적는다. 문제를 알면 욕구는 쉽게 알 수 있다. 영업인은 취급하는 제품이나 서비스로 고객의 욕구를 해결해준다는 확신을 심어주어야 한다.

[표 4-2] 고객의 문제와 욕구

가망고객 이름: ○○○	
문제	욕구
1. 혈압이 높다.	혈압을 내리고 싶다.
2. 심장 질환 가족력이 있다.	심장 질환을 예방하고 싶다.
3. 변비가 심하다.	쾌변을 경험하고 싶다.

이제 고객의 문제와 욕구를 연결하여 고객에게 해결책을 제시해 보자.

첫 번째 욕구: 혈압을 내리고 싶다. 고객님 혈압은 지금 정상보다 많이 높은 상태입니다. 우리 제품이 갖는 가장 큰 장점은 고혈압을 정상으로 만들어준다는 것입니다. 이 제품에는 대나무잎 추출물과 은행잎 추출물이 들어 있어 혈압을 내리고 싶은 바람과 잘 맞아떨어진다고 생각하는데, 어떻습니까?

두 번째 욕구: 심장 질환을 예방하고 싶다. 가족력으로 심장 질환이 있다고 하셨는데, 고객님이 솔깃할 만한 정보를 알려드릴까요? 바로 이 제품이 심장 질환까지 예방해준다는 사실입니다. 동맥경화를 일으키는 혈전의 생성을 막아주고 혈압을 낮추는 효과가 있는 이 제품이 고객님의 큰 걱정거리였던 심장 질환 문제를 싹 없애준다면 어떤 기분이겠습니까?

세 번째 욕구: 쾌변을 경험하고 싶다. 고객님, 변비가 있어 고생한다고 하셨죠? 이 제품에 들어 있는 바로 이 성분이 장 청소를 도와 쾌변에 효과적입니다. 아침에 일어나서 시원하게 배변을 한다면 어떻겠습니까?

질문으로 마무리한다는 사실에 주목하라. 세일즈 상담은 대화다.

영업인이 혼자 설명한다면 대화가 아니다. 고객은 질문에 대답을 하면서 구매욕구가 커진다.

07

약 주기 전략 2

보험 영업인이 고객상담을 할 때 활용할 수 있는 약 주기 전략을 살펴보자. 먼저 질문으로 고객의 문제와 욕구를 파악해야 한다.

- 고객님, 100세 시대에 가장 큰 문제는 무엇이라고 생각하세요?
- 고객님, 노후를 위한 준비는 충분하신가요?
- 고객님, 은퇴 후 매월 얼마 정도의 연금을 받을 수 있는지 아시죠? 국민연금과 퇴직금, 개인연금 다 포함해서요.
- 특히 가장이 되면 만약을 대비한 보험이 필요한데, 어떤 보험에 가입하셨나요?
- 보험은 그야말로 만약의 경우를 대비하는 것입니다. 앞날은 누구도 예측할 수 없잖아요. 고객님 생각은 어떠신가요?
- 고객님, 우리나라 주요 사망 원인 중 1, 2, 3위가 암, 심혈관계 질

환, 뇌 질환입니다. 만약 아무런 준비가 안 된 상태라면 남은 가족은 어떨까요?

- 가장의 책임이 막중한 60세 이전에 큰 병에 걸리거나 사망하게 된다면 무엇이 가장 걱정되시나요?

- 앞으로 대출 상환 기간이 한참 남았는데, 가장마저 잃으면 가족들에게 어떤 문제가 생길까요?

약 주기를 제대로 하려면 고객의 욕구를 정확히 알아야 한다. 이번에는 [표 4-3]을 작성해보자. 먼저 가망고객 이름을 쓰고, 그 고객의 문제를 적는다. 문제를 알면 욕구는 쉽게 알 수 있다. 영업인은 고객에게 문제와 욕구를 해결해준다는 확신을 심어주어야 한다.

[표 4-3] 고객의 문제와 욕구

가망고객 이름: ○○○	
문제	욕구
1. 암 가족력이 있다.	암 예방과 발병 시 보장이 필요하다.
2. 자영업자로 퇴직금이 없다.	개인 노후 준비가 필요하다.
3. 주택 자금 대출금이 많다.	상환 기간까지 무탈하기를 바란다.

이제 고객의 문제와 욕구를 연결하여 고객에게 해결책을 제시해보자.

첫 번째 욕구: 암 예방과 발병 시 보장이 필요하다. 고객님, 가족력

으로 암에 대한 걱정을 하셨는데, 혹시 예방을 위해 운동이나 식단 관리 등을 하고 계신가요? 그러시군요. 무엇보다 예방이 중요하지만 만약 암이 발병해도 충분히 치료를 받으면 완치될 수 있습니다. 발병 시기별로, 종류별로 진단 자금부터 치료비까지 해결한다면 어떻겠습니까?

두 번째 욕구: 개인 노후 준비가 필요하다. 고객님처럼 사업을 하는 분들은 개인의 노후보다는 사업 확장에 더 관심이 있습니다. 그래서 노후 준비로 국민연금과 개인이 스스로 준비하는 방법에 관심이 많으시죠. 국민연금은 공적 부조인 반면, 개인 상황에 맞춰 준비가 가능한 것이 바로 개인연금입니다. 고객님이 필요한 시기에 필요한 만큼 노후 자금을 마련한다면 어떻겠습니까?

세 번째 욕구: 상환 기간까지 무탈하기를 바란다. 고객님뿐 아니라 많은 사람들이 대출 제도를 이용하여 주택을 마련합니다. 십수 년에 걸쳐 상환해야 할 주택 대출금은 그대로인데 가장의 수입원이 끊긴다면 남은 가족은 어떻게 그 돈을 마련해야 할까요? 만약의 경우라도 대처할 방법이 있다면 어떻겠습니까?

질문으로 마무리한다는 사실에 주목하라. 세일즈 상담은 대화다. 영업인이 혼자 설명한다면 대화가 아니다. 고객은 질문에 대답을 하면서 구매욕구가 커진다.

08

확신 심어주기

고객에게는 제품을 잘못 살지도 모른다는 두려움이 있다. 고객에게 잘 샀다는 확신을 심어주는 일은 그래서 중요하다. 고객이 "믿어도 되나요?", "잘 사는 건가요?" 하고 걱정하면 이렇게 설명하라.

- 고객님, 우리 회사는 30년이 넘었습니다. 제품의 질이 나쁘면 어떻게 그 오랜 기간을 망하지 않고 사업하겠습니까? 한번 구매한 고객들이 효과를 인정하고 재구매하기 때문에 지금까지 회사가 존재하는 겁니다.
- 고객님, 잘 사신 겁니다. 소개해 주신 ○○님께서도 지난번 우리 제품을 사용하시고 매우 만족해하십니다. 다시 말씀드리지만 잘 사신 겁니다.
- 고객님이 구입하신 제품은 누구나 가장 많이 찾는 제품입니다.

고객님은 오늘 제대로 선택하신 겁니다.

만약 당신의 회사가 아직 생긴 지 얼마 되지 않았다면 이렇게 말하면 된다.

- "고객님 우리 회사가 생긴 지 얼마 안 되어 걱정하시는 것은 이해합니다. 그러나 우리 회사는 고객만족이라는 슬로건으로 고객님이 필요한 제품을 만들기 위해 최선을 다하고 있습니다. 회사가 생긴 지 얼마 안 되었는데 벌써부터 엉터리 제품을 고객님께 권한다면 곧 망하고 말 겁니다. 곧 망할 회사를 왜 만들었겠습니까? 저를 믿고 구매하시면 대만족일 거라고 확신합니다."

고객이 구매를 결정했을 경우 제품을 전달하고 대금을 받으면서 한마디 더 보탠다면 효과가 상승한다. 고객도 안심한다.

- 고객님, 잘 사신 겁니다. 확실하게 효과를 보십니다.
- 고객님, 잘 사신 겁니다. 확실하게 만족하실 겁니다.

가망고객이 "아직 그걸 구매할 상황은 아닙니다"라거나 "그 제품을 구매할 정도로 심각하지는 않습니다"라고 말하며 구매를 망설인다면 이렇게 말해보자.

- 제 어머니라면 무조건 사드리겠습니다.
- 제 동생이라면 저는 무조건 구매하라고 말하겠습니다.
- 우리 아이라면 무조건 그 제품을 사용하라고 말할 겁니다.

고객이 할 듯 말 듯 망설이는 순간 이 말 한마디가 크나큰 효과를 발휘한다.

만약 가망고객이 다른 회사 제품을 사용하기로 했다고 해서 그 회사에 대해 험담을 해서는 절대 안 된다. 이는 고객의 선택이 잘못되었다는 비난이다. 고객이 좋아할 리 없으며, 그 고객을 영영 잃어버린다. 비난하기보다는 다른 회사 제품을 왜 사용하는지 알아보아야 한다. 가격 경쟁력이 없는 건지, 실수는 없었는지 차근차근 생각해보아야 한다. 필요하다면 고객에게 왜 다른 회사 제품을 구매하는지 질문하라. 이유가 당신에게 있다면 당신이 한 모든 세일즈 과정을 되짚어보라. 잘못한 점을 발견하면 같은 실수를 반복하지 않도록 준비하라.

지금 다른 회사 제품을 사용하는 고객이라 하더라도 관계 형성을 계속해야 한다. 찾아가거나 전화를 하고, 문자 메시지나 이메일로 소통하는 방법도 좋다. 비록 지금 고객을 놓쳤다 해도 실망할 필요 없다. 당신이 취급하는 제품을 다른 회사에서 구매했다면 그 제품이 필요한 고객이다. 잘만 하면 당신 고객으로 만들 수 있다. 고객은 돌고 돈다.

아무리 노력해도 고객이 구매하지 않는다면 방문 횟수를 줄이고 다른 가망고객을 찾아나서는 것이 좋다. '바쁜 척'도 때로는 고객의 신뢰를 얻는 방법이다.

09

자기만족형 고객,
타인시선형 고객

자기만족형 고객은 자신이 느끼는 감정이나 경험이 중요하다. 누가 뭐래도 스스로 제품을 신뢰해야만 구매동기를 자극받는다. 타인시선형 고객은 다른 사람의 생각이나 평가가 중요하다. 그래서 사용자들의 후기에 민감하다. 언론에서는 어떻게 평가하는지, 품질을 보증하는 증명서나 수상 내역이 있는지가 중요하다. 유명인 구매 여부도 타인시선형 고객의 구매동기를 자극한다.

고객이 어떤 유형인지 파악하여 활용하면 더 나은 성과를 거둘 수 있다. 이렇게 질문해보자.

- 제품을 구매할 때 가장 중요하게 생각하시는 부분은 무엇입니까?
- 그 제품으로 결정하신 이유가 무엇입니까?

"예전에 사용한 적이 있는데 정말 좋았어요" 혹은 "물건을 사고 나면 마음이 뿌듯해요. 기분이 좋아지고요"라고 대답하면 자기만족형 고객이다. "친구가 추천해줬어요" 혹은 "이 정도는 써야 다른 사람들이 부러워하죠"라는 식으로 대답하면 타인시선형 고객이다.

자기만족형 고객

고객이 어떤 유형인지 파악하고 나면 그 유형에 맞는 언어로 상담해야 한다. 먼저 자기만족형 고객을 보자. 이들은 자기 생각이 강하므로 다른 사람이 뭐라고 하든 영향을 받지 않는다. 자기 기준이 중요하다. 건강기능식품을 상담할 때 이렇게 말해보자.

"건강은 누구에게나 중요합니다. 대신 책임질 사람도 없습니다. 고객님 스스로 책임져야 합니다."

보험설계사라면 이렇게 말해보자.

"이 제품은 은퇴 후의 삶에 초점을 맞추고 있습니다. 은퇴 후 각종 질병에 대해 보장받으며 생활 자금까지 마련할 수 있다면 얼마나 마음이 편하시겠습니까?"

밑줄 친 "고객님 스스로 책임져야 합니다"와 "얼마나 마음이 편하시겠습니까?"에 주목하자. 자기만족형 고객에게 딱 맞춘 화법이다. 몇 가지 사례를 더 보자.

- 다른 사람 의견이 뭐가 중요합니까? 고객님 생각이 가장 중요합니다.
- 고객님이 만족하셔야죠. 결정은 고객님이 내리는 겁니다.
- 고객님이 이 옷을 입고 모임에 나가면 기분이 어떨까요?
- 이 차를 타고 드라이브하시면 만족감이 두 배가 되지 않겠습니까?
- 이 제품의 가장 큰 특징은 고객님을 행복하게 만들어준다는 점입니다.

타인시선형 고객

타인시선형 고객은 주변 사람이 어떻게 생각하는지가 중요하다. 다른 사람들은 무엇을 어떻게 구매했는지, 이익이나 혜택은 무엇인지, 만족감은 어느 정도인지도 중요하다. 영업인이 제품의 사용 후기와 우수성을 입증하는 증명서를 들고 다녀야 하는 이유다. 당신이 다이어트 제품을 취급한다면 타인시선형 고객에게 이렇게 말해보자.

"이 제품을 써서 앞으로 두 달간 체중을 5kg 뺀다면 주변 사람들 반응이 어떨까요? 저기 큰길 사거리에 있는 미용실 원장님도 이 제품을 쓰고 효과를 많이 보셨거든요. 한 달 됐는데 3kg이나 빠지셨어요."

"주변 사람들 반응이 어떨까요?"라거나 "미장원 원장님도 이 제품을 쓰고 효과를 많이 보셨거든요"와 같은 말이 타인시선형 고객에게 먹히는 화법이다. 몇 가지를 더 보자.

• 고객님은 이 정도 차는 타셔야 수준에 맞고 멋져 보입니다.
• 고객님이 날씬해지면 누가 가장 기뻐할까요?
• 동창회를 나가면 친구들 반응이 어떨까요?
• 친구들이 많이 부러워할 겁니다.

이제 가망고객을 '자기만족형'과 '타인시선형'으로 나누어보자. 잘 모르겠는가? 당신은 어쩌면 고객 파악은 뒷전이고 자기 방식대로 상담하는지도 모른다. 그동안은 그 방식이 통해서 그런대로 성과를 냈을지 몰라도 이제는 한 단계 도약해야 하지 않겠는가. 다음에 만날 가망고객의 유형을 파악하는 것부터 다시 시작해보자.

10

자신 없는 말,
자신 있는 말

'아' 다르고 '어' 다르다는 말이 있다. 뜻은 같지만 그 말이 주는 느낌은 전혀 다른 경우를 말한다. 영업인이 고객에게 말할 때도 뜻은 비슷하지만 고객에게 신뢰를 주는 말이 있고 그렇지 않은 말이 있다. 원인은 잘못된 언어 습관이거나 자신감 부족이다. 고쳐야 한다.

대표적인 것이 '~같아요'라는 말이다. 없어야 뜻이 더욱 확실하게 전달되는 군더더기다. 영업인이 자신 없다는 사실을 드러낼 뿐이다. 다음 대화를 보자.

- 고객: 지금 말씀하신 거, 믿어도 되죠?
- 영업인: 믿어도 될 것 같습니다.

이게 말이 되는가. 확신에 찬 강한 어조와는 달라도 많이 다르다.

몇 가지 예문을 더 보자.

- 이 제품을 사용하시면 고객님 문제가 해결될 것 같아요.
- 이 제품이 고객님 상황에 맞는 것 같아요.
- 효과가 좋은 것 같아요.
- 우리와 계약하시면 이익이 한두 가지가 아닐 거예요.

무엇을 느꼈는가? 말에 힘이 없지 않은가? 자신감을 느낄 수 없다. 영업인의 말투에 자신감이 없는데 고객이 어떻게 제품을 믿을 수 있겠는가. 말을 할 때 말의 내용보다 중요한 것이 얼굴 표정이나 자세다. '~같아요'라고 말하면서 얼굴에 자신감 있는 표정을 지을 수는 없다.

자신감을 느낄 수 없는 또 다른 말은 '~대요'와 '~래요'다. 자기 생각이 아니고 마치 남에게 들은 이야기를 하는 듯한 어투다. 예문을 보자.

- 이 제품으로 효과를 본 사람이 많대요.
- 고객님 문제는 금방 해결된대요.
- 이 제품을 구매한 사람들은 모두 좋대요.
- 이 제품으로 계약을 하시는 게 더 이익이래요.

영업인이 이런 말을 늘어놓으면 사고 싶은 생각이 싹 사라진다. 사려고 하다가도 멈칫한다. 고객에게 아무런 영향력도 없는 말들이다. 확신을 주는 다른 말로 바꿔 써야 한다.

- 이 제품은 고객님의 문제를 확실히 해결해드립니다.
- 효과 만점입니다.
- 18% 성장이 가능합니다.
- 오늘 최고의 선택을 하신 겁니다.

고객은 제품을 구매할 때 '정말 잘 사는 걸까?' 하고 걱정한다. 이때 확신을 심어주는 말을 함으로써 고객이 안심하도록 해야 한다.

'만약 ~된다면', '만약 ~한다면'도 쓰지 말아야 할 말이다. 고객과 상담할 때는 고객이 마치 구매를 결정한 듯 말해야 한다. 고객이 당신의 제안을 받아들인다는 믿음은 무의식으로 전달된다. 자신감 넘치는 상담은 고객의 구매결정에 많은 영향을 미친다. 다음 두 문장을 비교해보자.

① 만약 고객님이 이 제품을 구매하신다면~
② 우리 제품을 구매하실 때~

①은 구매결정을 하지 않은 상태를 암시하고 ②는 이미 구매결정

을 한 상태를 암시한다. 구매결정을 기정사실화하는 화법은 '가부를 묻지 말고 선택을 물어라'라는 세일즈 격언에도 부합한다. '구매하시겠습니까?'라는 질문은 구매가 불확실한 상태에서 구매 여부를 묻는 질문이다. '결제는 카드로 하십니까, 현금으로 하십니까?' 하고 물으면 구매는 이미 기정사실이고 결제 수단을 선택하라는 질문이 된다. 고객을 구매결정으로 몰고 가는 전략이다. 제품 구매를 기정사실화하는 화법을 몇 가지 더 살펴보자.

- 첫 번째 제품으로 하시겠습니까, 아니면 두 번째 것으로 하시겠습니까?
- 배송은 오늘이 좋으십니까, 내일이 좋으십니까?
- 이 제품을 아드님이 쓰십니까, 따님이 쓰십니까?

'믿으실지 모르겠지만'을 습관적으로 쓰는 영업인도 있다. 믿을지 안 믿을지 모르는 말을 왜 하는가. 다음 두 문장을 비교해보자.

① 믿으실지 모르겠지만 우리 회사는 지난 40년 동안~
② 고객님이 깜짝 놀랄 만한 사실은 우리 회사가 지난 40년 동안~

①과 ②가 무엇이 다른지는 설명을 덧붙이지 않아도 알 수 있을 것이다. 고객이 쉽게 믿을 수 없는 놀라운 사실이라면 ②처럼 "매우 놀라운 사실은~" 하고 말하는 것이 훨씬 효과적이다.

잠재의식을 움직여 구매욕구를 강화하려면 말 한마디, 행동 하나하나가 중요하다. 고객은 자신도 모르는 사이에 영업인에게 호감과 신뢰감을 느끼기도 하고 거부감을 느끼기도 한다. 말 한마디 잘못하는 바람에 거의 성사된 상담도 순식간에 그르칠 수 있다.

11

사지 않는 이유가
무엇인가요

"몇 번을 찾아갔는데도 물건을 사지 않아요."

교육을 하다보면 흔하게 받는 질문이다.

"고객이 잘해주죠? 그래서 편하니까 자주 방문하게 되고요."
"맞아요. 자주 가는데, 커피도 마시라고 주고 친절하게 잘 대해주
는데 구매에는 관심이 없어요."

찾아가기 불편한 곳이 있고 편한 곳이 있다. 영업인은 마음이 편한
고객을 자주 찾는다. 편한 고객이 팔아주지도 않는데 말이다. 이럴
때는 어떻게 해야 할까? 여러 번 방문하여 선물도 주고 이야기도 많
이 들어주며 애를 썼는데, 고객이 구매할 생각이 없으면 다음과 같이

질문해보자.

- 고객님, 우리 제품을 구매하지 않는 이유가 있으신지 여쭤봐도 될까요?
- 고객님, 우리 제품을 사지 않는 특별한 이유가 있으신가요?
- 우리 제품을 구매하지 않는 이유가 궁금한데 말씀해주실 수 있나요?

말이 조금씩 다르지만 뜻은 같다. 질문을 받은 고객은 대부분이 '지금 다른 것을 쓰고 있다', '돈이 없다', ' 가족이 반대한다' 등의 대답으로 핑계를 댄다. 질문하지 않으면 알 수 없다. 다음과 같이 물어보는 방법도 좋다.

"고객님, 우리 제품을 구매하지 않는 이유가 우리 회사를 믿지 못하기 때문인가요?"

이렇게 질문하면 "맞아요. 저는 그 회사 제품을 신뢰하지 않아요" 하고 말하는 고객은 없다. 대부분 그렇지 않다고 대답한다. 그러면 이어서 질문을 한다.

"고객님, 그럼 저를 믿지 못하시는 건가요?"

"아뇨. 그렇지 않아요."

"그럼 특별히 거래하는 다른 회사가 있나요?"

"아니에요."

"주변에 특별히 반대하는 분이 있나요?"

"아니에요."

"그렇다면 가격이 문제인가요?"

"……."

계속 방문하는데 구매하지 않으면 질문을 해서 이유를 밝혀야 한다. 이유를 알면 고객을 공략할 때 초점을 맞출 수 있으니 유리하다. 고객이 가격 때문에 구매를 망설인다면 그에 맞는 대응책을 준비하면 된다. 고객이 현재 다른 회사와 거래하고 있다면 그 부분에 초점을 맞춰 대응하면 된다. 이유를 알면 대응이 쉽다. 만약 고객이 다른 회사 제품을 사용하여 당신과 거래하기 어렵다면 어떻게 대처하는 것이 좋을까? 고객의 주변에는 당신만 있는 것이 아니다. 다른 영업인도 항상 기회를 노리고 있다. 가망고객의 친척이나 동창이 비슷한 제품을 취급하기도 한다. 이때 다른 영업인이 취급하는 타사 제품들을 깎아내려서는 안 된다. 사람은 항상 자기가 내린 결정을 존중받고 싶어 한다. 이렇게 말해보자.

- 아주 잘하셨어요. 사용하시면서 불편한 점은 없으신가요?
- 네, 좋은 제품입니다. 효과는 충분히 누리고 계시죠?

• 그러시군요. 비록 다른 영업인과 계약하셨지만 그래도 우리 회사 제품을 쓰신다니 다행입니다. 세일즈하시는 친구분은 자주 오시죠?
• 잘 결정하셨어요. 사용 방법은 잘 알고 계시죠?

이런 질문들에 대한 고객의 답변을 들으며 틈새를 찾아내자. 고객은 친구의 권유로 샀는데 생각보다 효과가 없다거나, 사용법 설명을 들었는데 잊었다고 할지도 모른다. 물건을 팔 때뿐이고 그 뒤로는 코빼기도 안 보인다고 불평할지도 모른다. 이야기를 들어주다 보면 비집고 들어갈 틈을 발견할 수 있다.

가격은 걸림돌이
아니다

하루에도 몇 번씩 비싸다거나 돈이 없다는 고객을 만난다. 아무리 좋은 물건이라도 돈이 없으면 살 수 없으니 당연하다. 그러나 고객과 가격 협상을 할 때 어렵다는 이유로 쉽게 가격을 깎아주면 실력 있는 영업인이 될 수 없다. 정가를 받는 것이 가장 좋으며, 가격을 깎아주어야 할 때가 생기더라도 요령이 필요하다. 세일즈는 모든 과정이 협상이다. 협상 기술을 알면 손해 보는 일이 없다.

상담 초반에 가격 할인을 요구한다고 냉큼 값을 깎아주는 것만큼 싱거운 일은 없다. 고객의 요구에 바로 무너지면 안 된다. 가격을 쉽게 깎아주면 고마워하는 대신 가격이 부풀려졌다고 생각하며, 이문이 얼마나 많이 남기에 이렇게 쉽게 깎아주는지 의아해한다. 실력 있는 영업인이 되려면 고객과의 협상을 즐겨야 한다. 그냥 밑져야 본전이라는 생각으로 할인을 툭 요구하는 고객이 있다. 조금만 잘 버티면 할인 요구가 흐지부지되기도 한다.

- 죄송합니다만 고객님, 우리 회사는 할인 판매는 하지 않는다는 원칙을 지키고 있습니다.
- 고객님이 깎아달라는 금액은 제가 일하며 받는 월급입니다. 제가 받을 월급을 달라고 하시면 곤란하고요, 다른 혜택을 드리도록 하겠습니다.

이렇게 한마디로 할인 요구를 물리칠 수 있다. 가격을 깎아주면 안 되는 이유는 값을 많이 지불할수록 고객의 만족감이 커지기 때문이다. 같은 옷이라도 백화점에서 비싸게 산 옷을 입었을 때 더 큰 만족감을 느낀다. 비싼 물건이 더 가치 있다고 느끼기 때문이다. 화장품이나 건강기능식품도 마찬가지다. 비싸게 주고 산 제품은 효능이 더 많을 것이라고 생각하면 플라시보 효과는 덤으로 얻는다.

경쟁사 제품보다 비싸다면 이유가 있다. 경쟁사와 자사 제품의 가격 차이에 초점을 맞춰 이렇게 말해보자.

- 고객님, 우리 제품이 10% 비싸지만 혜택은 20% 더 많습니다.
- 고객님이 20만 원만 추가로 투자하시면 이런 혜택을 드립니다.

이렇게 말하며 가격 차이를 극복하라. 차이 나는 가격이 9만 원이라면 이렇게 이야기한다.

- 하루에 3,000원 차이네요. 하루 3,000원을 추가로 투자하셔서 이 정도 혜택을 받는다면 정말 괜찮지 않나요?
- 고객님이 월 9만 원을 더 투자하시면 얼마나 많은 혜택을 받는지 한번 볼까요?

이미 눈치챘겠지만 '투자'라는 말이 중요하다. 돈을 그냥 써버리는 지출이나 지불보다 투자라는 말을 써야 가치가 있다고 느낀다.

상담을 하다보면 고객이 관심을 갖는 부분이 있다. 그 부분을 강조하면 가격 저항을 줄일 수 있다. 고성과 영업인은 마무리 단계에서 가격 저항에 부딪치지 않는다. 이미 가망고객이 누리게 될 가치를 충분히 설명했기 때문이다. 가격을 깎아주며 쉽게 물건을 팔려고 하지 말고 제품이 지닌 가치, 특징, 장점, 차별성을 충분히 공부하여 강조해야 한다.

이런저런 전략으로 가격 할인 불가를 고수해도 막무가내 할인을 요구하는 가망고객이 있다. 싸게 사고 싶은 마음은 인지상정이다. 무턱대고 가격 할인을 거절하면 고객의 마음을 상하게 할 수 있다. 가격 할인이 안 되는 이유를 잘 설명하고 그 대신 다른 혜택을 보여주면 된다.

왜 그렇게
생각하십니까

《백만 불짜리 습관》의 저자인 컨설턴트 브라이언 트레이시는 가격이 구매결정 요소가 아니라고 강조한다. 하버드대학교의 연구 결과에 따르면, 미국 내에서 일어나는 세일즈의 94%는 가격과는 아무런 관계가 없다. 가격보다는 제품의 적합성, 편리함, 평판, 서비스, 디자인을 고려하여 제품을 구매한다고 한다. 이런 사실을 알면 자신 있게 가격 협상에 임할 수 있다.

트레이시는 또 다른 저서인 《세일즈 슈퍼스타》에서 가격 문제를 다루는 방법을 자세히 설명하고 있다. 먼저 가망고객이 "가격이 너무 비싸요" 하면 "왜 그렇게 생각하십니까?" 하고 공손하게 물어보는 것으로 대답을 대신한다. 질문을 하고 나서는 고객이 대답할 때까지 기다린다. 이때는 뜸을 들이면서 완벽하게 침묵해야 한다. 이 방법은 쉴 새 없이 떠들면서 제품의 특징과 장점과 효과를 설명하느라 애쓰는 것보다 낫다.

다음으로 가망고객이 물건을 살 형편이 안 된다고 말할 때는 부드럽게 물어본다.

"왜 그렇게 생각하십니까?"

그러고는 몸을 앞으로 기울이고 침묵을 지키며 대답을 경청한다. 이런 질문을 하면 가망고객은 대답을 못할 때가 많다. 질문을 던져보면 상담 흐름을 주도할 수 있을 뿐만 아니라 가망고객이 망설이는 진짜 이유를 발견할 수 있다.

너무 빨리 가격을 말해버리면 가격 협상을 망치기 일쑤다. 상담을 하기 전에 가격부터 물어보는 성질 급한 가망고객을 만나면 가격을 알려주는 대신 이렇게 말하라.

"가격이 중요한 문제라는 점은 잘 압니다만, 제가 고객님의 현재 상황을 어느 정도 이해하고 난 후에 다시 가격 얘기를 하면 어떨까요?"

이렇게 말해도 가격부터 밝히라고 끈질기게 고집을 부리는 고객이 있다면 이렇게 응수하라.

"말씀드릴 수 없습니다."

그러면 고객은 흥미를 느끼고 이렇게 물어본다.

"아니, 그게 무슨 뜻이에요?"

이럴 때는 이렇게 설명하라.

"어떤 제품이든 고객님께 맞아야 좋은 것인데, 맞는지 안 맞는지도 모른 채 얼마라고 말씀드릴 순 없습니다. 몇 가지 여쭤보고 고객님께 맞는 것을 선택한 후에라야 말씀드릴 수 있답니다."

가망고객이 예상보다 비싸다고 말할 때는 이런 질문으로 응수하라.

"예상하신 가격과는 차이가 얼마나 되나요?"

가망고객은 구매를 위한 예산이 있고 그 안에서 당신의 제품을 구매하려고 한다. 일단 고객이 생각하는 금액이 얼마인지 알아내면, 그 가격 차이는 제품 구매에서 비롯되는 가치 증가 효과로 충분히 보상받고도 남는다는 사실을 강조한다. 비싸다는 고객에게는 이렇게 말한다.

- 고객님 건강이 악화된 다음에 들어가는 비용에 비하면 결코 비싼 게 아닙니다.
- 고객님이 지불하시는 금액보다 훨씬 많은 효과를 보실 겁니다. 제가 약속드립니다.
- 이 제품은 최고입니다. 구매하시면 틀림없이 만족하실 거라고 확신합니다.

너무 비싸다는 고객에게는 이렇게 대응하는 방법도 있다.

"네, 비싸다고 생각하실 수도 있습니다. 하지만 결국 따져보면 제품이란 고객님이 지불해야 하는 돈만큼 가치가 있는 게 아니라 그 제품이 고객님을 위해 해줄 수 있는 것만큼 가치가 있는 거죠. 10만 원을 주고 샀는데 100만 원의 가치가 있다면 잘 산 겁니다. 그렇죠?"

가격 문제를 다룰 때는 자신감이 중요하다. 제품이나 회사가 정상이라면 가격은 여러 가지 상황을 충분히 고려하여 결정되었다는 사실을 기억하라. 그 가격은 이치에 맞고 공정하다. 고객이 얻는 이익은 지불하는 금액보다 크다. 가망고객이 그 가격에 제품을 구매하도록 돕는다면 큰 호의를 베푸는 셈이다. 고객 삶의 질이나 업무의 질을 개선하는 데 도움을 주었기 때문이다.

5장

리크루팅과
조직관리

관리자가 성장해야 조직이 성장한다

최근에 교육을 한 곳은 직무가 순환되는 조직이었다. 어떤 관리자는 영업관리를 최악의 보직으로 생각한다며 부임한 지 6개월 정도 되었는데 얼른 다른 곳으로 옮기고 싶다고 했다. 조직 상부에서 인정할 뿐 아니라 조직 내 영업인들에게도 인정받는 다른 관리자는 어차피 맡은 일이라 최선을 다해 열심히 했는데 다른 보직으로 발령이 안 난다고 볼멘소리를 했다.

이들에게는 직장생활 중 어쩌다 한번 맡은 보직이지만 영업인은 짧게는 몇 개월에서 길게는 몇 십 년 일을 해온 까닭에 마음이 떠난 관리자를 느낌만으로도 안다. 심지어 대놓고 "저분은 우리 일에 관심이 없어요. 발령 나기만을 기다리는 걸요. 어차피 일은 우리가 하는 거니까 상관없어요"라고 하는데 더 이상 할 말이 없었다. 이런 조직은 성장은커녕 현상 유지도 어렵다.

영업조직은 다른 조직과 달리 판매하는 제품이나 제공하는 서비스, 판매 수수료 같은 조건이 바뀌면 다른 영업조직으로 이동하기도 한다. 영향력 있는 영업인이 움직이면 동반 이동이나 탈락 우려가 있다. 이런 이유로 관리자는 정확한 직무 지식을 바탕으로 개인별 지원을 꼼꼼히 하고 현장 활동을 중심으로 관리해야 한다.

최근 들어 많은 영업조직이 관리자를 영업인 중에서 선발한다. 그런데 이들이 본인의 경험을 바탕으로 조직을 운영하다 보면 좋은 효과를 보기도 하지만 그로 인한 부작용도 만만치 않다. 인간관계나 인재육성 같은 리더십 능력보다는 단순히 실적 위주로 선발했기 때문이다.

세일즈에서 뛰어난 성과를 낸 방법들은 개인적인 경험으로 습득한 암묵지 형태가 대부분이다. 암묵지는 후배나 다른 영업인이 적용할 수 있도록 형식지, 즉 일반적인 형태의 지식으로 바꾸어 전달하려면 쉽지가 않다. 그런 능력을 준비하고 배울 기회도 없이 바로 관리자로 선발되다 보니 조직관리에 미숙할 수밖에 없다.

누가 영업조직을 맡든지 조직이 계속 성장하고 조직 이탈을 최소화하려면 영업관리자는 다음과 같은 사항을 염두에 두고 조직을 관리해야 한다.

첫째, 영업인들의 활동을 정확히 파악하여 적절한 지원을 아끼지 말아야 한다. 세일즈에 뛰어난 재주를 갖고 태어난 사람도 있지만 대부분은 그렇지 않다. '영업인은 태어나는 것이 아니라 만들어 진다'고 하지 않던가. 관리자는 영업인을 세심하게 관찰하여 장점과 개선할 점을 찾아내고, 영업인이 스스로 문제를 해결해나가도록 코칭할 능력이 있어야 한다.

둘째, 관리자는 영업인의 성공을 돕겠다는 마음이 있어야 한다. 관리자가 영업인의 발전과 성공보다는 자신의 이익을 우선으로 하면 조직은 결코 성장하지 못한다. 관리자는 영업인의 성공을 돕겠다는 마음으로 그에 걸맞은 능력을 갖추기 위해 노력해야 한다. 물론 관리자라고 모든 것을 완벽하게 갖추기는 쉽지 않다. 관리자도 시행착오를 겪으면서 성장한다. 유능한 관리자가 되려면 끊임없이 공부해야 한다.

셋째, 리크루팅을 할 때 어떤 사람이 적합한지 명확한 기준을 세워야 한다. 일할 곳이 없는 사람이라 도움을 주는 차원에서, 혹은 급한 마음에 손만 뻗으면 쉽게 올 사람이라서 리크루팅한다면 좋은 조직을 만들지 못한다. 어떤 사람을 리크루팅해야 관리자와 조직, 영업인 모두에게 도움이 되는지 명확한 기준이 있어야 한다.

관리자는 자기 능력으로 평가받지 않는다. 영업인들의 성과로 평가받는다. 조직의 성과를 향상시키려면 영업인의 전문성을 높여주고 활동을 도와주며 꾸준히 성장하도록 관리해야 한다. 이를 위해 조직을 어떻게 운영할지 고민하며 직무 수행을 위한 지식, 기술, 방법을 계속 배우고 익혀야 한다. 관리자가 성장해야 조직도 성장하기 때문이다.

리크루팅 책임자는
관리자다

영업조직은 일반 기업과는 달리 스스로 원해서 들어오는 지원자가 드물다. 또 시간이 지나면 그 인원수도 자연스럽게 감소한다. 집안 사정, 건강 문제, 세일즈에 거는 불안한 미래, 실적 부진 등 이유는 여러 가지다. 회사에서 매출을 일으키고 수익을 내는 일등 공신은 영업인이다. 영업인 수가 줄어들면 조직의 실적도 떨어진다. 실적이 부진하면 경영에도 영향을 미치므로 책임은 모두 영업관리자에게 돌아간다.

그렇다고 무조건 많은 사람을 리크루팅한다고 매출이 올라갈까? 힘들게 리크루팅해도 몇 달 못 다니고 포기하는 영업인은 왜 생기는 것일까? 영업조직은 왜 항상 새로운 영업인 확보에 전전긍긍하는 것일까? 영업조직이 오랫동안 안정적으로 성장하려면 모든 방법을 동원하여 리크루팅하고 영업인의 역량 향상에 힘써야 한다.

정글에서 야자열매를 따려면 높은 나무 위까지 자유자재로 이동이 가능한 날쌘 원숭이가 필요하다. 날쌘 원숭이만 있으면 야자열매 따기는 문제없다. 그런데 날쌘 원숭이를 이미 다른 사람이 데리고 있다면 어떻게 해야 할까? 주인 없이 놀고 있는 하마나 코끼리를 데리고 올 것인가? 하마나 코끼리는 나무 위로 올라가 열매를 따기는커녕 식량만 축낼 뿐이다. 이런 현상이 영업조직에도 일어나고 있다.

영업관리자가 리크루팅으로 조직을 키우고 성과를 높이려면 조건이 있다. ① 세일즈가 무엇인지 본질을 명확하게 이해하고 ② 세일즈에 적합한 사람이 누구인지 알고 있으며 ③ 어떤 사람이 조직에 도움이 되는지 알고 ④ 직접 리크루팅하겠다는 의지가 있어야 한다.

대부분 영업조직에서는 영업인이 추천하는 리크루팅 방법을 사용한다. 이 방법은 조직의 속성이나 세일즈를 누구보다 잘 아는 영업인이 소개하는 방법이다. 기존 영업인이 추천하여 신인 영업인을 리크루팅하면 추천한 영업인도 함께 성장하는 계기가 된다. 이러한 장점 때문에 영업조직은 리크루팅을 보상하는 여러 가지 방법과 제도를 갖추고 있다. 일부 관리자는 리크루팅은 영업인의 몫이라고 생각하기도 하는데 이는 잘못이다. 리크루팅 책임자는 결국 영업관리자다.

어떤 일이든 성공하려면 '적극성과 주도성'이 있어야 하듯이 리크루팅도 마찬가지다. 급한 마음에 숫자 채우기에만 급급해서는 안 된다. 리크루팅을 잘못하면 본인은 물론 조직에 막대한 손실을 입힐 수도 있다는 사실을 명심해야 한다.

새로 조직을 맡은 관리자가 리크루팅에 성공한 사례를 한번 살펴보자. 기존 후보자 명단을 활용한 방법이다. 어느 조직이든 최근까지 진행한 리크루팅의 후보자 명단이 있기 마련이다. 부임하자마자 전체 영업인에게 후보자를 추천해달라고 하면 "새로 와서 또 시작이다" 하며 부담을 느낀다. 이런 사실을 잘 아는 관리자는 한 발 물러나 최근까지 진행한 내용을 검토한 후 후보자를 대상으로 부임 인사와 함께 다음과 같이 초대 글을 썼다.

"안녕하십니까? 이번에 서울 영업소로 발령받은 허균입니다. 평소 우리 영업소의 홍성실 님께 많은 도움을 주고 계신다고 들었습니다. 직접 찾아뵙고 인사드리는 것이 도리이오나 우선 국화꽃 향기의 따뜻한 차 한잔과 함께 우리 영업소로 모셔서 인사드리고자 합니다. 가벼운 마음으로 발걸음 하셔서 홍성실 님이 일하는 곳도 보시고 제 인사도 받아주시면 감사하겠습니다."

날짜와 시간, 장소를 정해서 문자를 보냈다. 초대를 받은 후보자들은 예상 외로 호기심을 보였다. 자신을 초대한 관리자가 어떤 사람인지 궁금하다고까지 했다. 반면 추천했던 영업인은 잠시 잊고 있었는데 관리자가 초대한 사실을 알고 무심한 듯 "부담 없이 와서 차 한잔 하고 가요" 하고 말했다고 한다. 물론 첫술에 배부르지는 않았지만 후보자는 물론 영업인에게도 호감을 얻었다.

초대받은 후보자는 본인이 도움을 주는 사람으로 인정받았다는 사실에 뿌듯함을 느꼈다. 또한 자신이 평소 알고 지낸 영업인이 괜찮은 관리자와 일한다는 느낌도 갖게 되었다. 영업인은 관리자가 자신의 고객을 인정해주고 리크루팅 초대까지 해주는 모습에 고마움과 신뢰감을 느꼈다. 솔선수범이 기존 영업인과 후보자 모두로부터 마음을 얻게 해주었다. 차를 마시러 온 후보자에게는 영업인이 하는 일을 소개하고 경제활동과 관련된 여러 정보를 제공했다. 이는 후보자들이 세일즈를 제대로 아는 계기가 되었으며, 리크루팅에 성공하는 결과로 이어졌다.

03

리크루팅 계획을 명확하게 세워라

리크루팅은 영업관리자가 주도해야 한다. 전체 영업인과 함께 리크루팅을 왜 해야 하는지, 리크루팅을 하면 무엇이 좋은지, 어떻게 리크루팅을 해야 효과가 큰지를 공유하고 영업인이 참여하도록 유도해야 성과를 낸다. 그러려면 목표와 계획을 명확하게 세우고 실행해야 한다. 가장 먼저 할 일은 과거부터 현재까지의 리크루팅 상황 분석이다. 분석 요소는 다음의 네 가지다.

- 직전 1년간 팀별 리크루팅 인원수와 현재까지 남아 있는 인원수
- 리크루팅한 인원들의 평균 세일즈 실적
- 리크루팅 경로(영업관리자 직접, 영업인 추천, 자발 지원 등)
- 리크루팅에 참여한 기존 영업인의 속성(경력, 세일즈 실적 등)

이 사항들을 분석하여 계획 수립에 반영한다. [표 5-1]과 같이 1년간 리크루팅 현황을 분석하여 기록하는 양식을 만들어 활용하면 한눈에 볼 수 있다.

[표 5-1] 1년간 리크루팅 현황(　 년 　월 ~ 　 년 　월)

구분		등록과 정착 현황			참여 영업인 속성	
		등록	정착(%)	세일즈 실적 (인당 평균)	인원수	세일즈 실적 (인당 평균)
○○팀	신인					
	경력					
○○팀	신인					
	경력					
○○팀	신인					
	경력					
계	신인					
	경력					

분석을 마치면 이를 참고로 중장기 목표를 설정한다. 인원수와 인당 영업력을 감안한 리크루팅 체력에 따라 영업인 개인 혹은 팀별 목표를 고려하여 조직 목표를 설정한다.

04

조직 내에
리크루팅 분위기를 만들어라

　리크루팅은 영업관리자 혼자만 노력해서는 어렵다. 단순히 후보자를 많이 발굴할 수 없다는 차원이 아니다. 리크루팅한 신인이 조직에 적응하고, 성과를 내고, 오랫동안 다닐 분위기를 만들려면 조직 전체가 힘을 합쳐야 한다.

　리크루팅은 조직 분위기를 자극하고, 영업 의욕을 살아나게 한다. 리크루팅한 영업인이 신인을 지도하는 과정에서 동반 성장을 하게 된다. 또 조직에 기여한 뿌듯함과 후보자에게 일할 기회를 주었다는 보람, 그로 인한 세일즈 외 소득이 발생한다. 영업인이 이런 사실을 모를 리 없는데도 리크루팅에 동참하지 않는 이유는 무엇일까? 방법을 몰라서 못한다면 방법을 알려주면 된다. 마음이 없으니 문제다. 실제 영업조직에서 리크루팅을 어떻게 생각하는지 조사한 내용을 참고하면 무엇을 어떻게 해야 동참을 이끌어낼지 답이 나온다. 영업인이 리크루팅에 동참하지 않는 이유는 다음과 같다.

첫째, 자부심이 부족하다. 솔직히 이 일을 하고 있지만 정말 좋은 직업인지 확신이 없다. 나는 어찌어찌해서 이 일을 하고 있지만 후보자에게 세일즈를 해보자고 했다가 원망을 들을까 염려된다.

둘째, 멀리 보지 못하는 근시안이다. 내 고객을 빼앗길까 염려된다. 리크루팅 후보자는 대부분 계약자거나 가망고객이므로 리크루팅을 하면 고객이 될 수 없다고 생각한다.

셋째, 귀찮다고 생각한다. 내 세일즈 하기도 버거운데 리크루팅으로 힘 빼고 싶지 않다. 세일즈는 결과가 쉽게 나오는데 리크루팅은 시간과 노력을 더 많이 들여야 하므로 굳이 하고 싶지 않다. 내가 소개해서 들어오면 챙겨주어야 하니 그것도 귀찮다.

넷째, 사람이 없다. 정말 리크루팅할 만한 후보자가 없다. 나름대로 후보자를 찾아봤지만 세일즈에 관심 있는 사람이 없다.

다섯째, 관리자 리더십이 부족하다. 관리자가 마음에 들지 않는다. 나야 어차피 내 일이다 생각하고 하지만 관리자가 왜 있는지 잘 모르겠다. 솔직히 리크루팅이 우리 일인가? 우리는 세일즈하는 사람인데 우리만 다그치고……. 일하는 데 도움이 안 된다. 리크루팅하고 싶은 마음이 없다.

관리자는 이런 영업인의 마음을 헤아려서 리크루팅 추천이 영업인 개인과 조직에 미치는 영향이 얼마나 크고 중요한지 수시로 강조해야 한다. 관리자 자신도 영업인을 위해 늘 도움을 주고 있다는 사실을 영업인이 느끼도록 해야 한다. 리크루팅 일정과 방법, 진행하는 모든 과정을 공유하면 영업인은 부담을 덜고 관심을 보인다.

많은 후보자를
발굴하라

특수한 세일즈가 아니라면 영업인이 되는데 특별한 자격이나 조건은 없다. 또 세일즈를 선택하는 모든 사람이 반드시 명확한 목표의식과 뛰어난 세일즈 역량을 갖추고 있지도 않다. 다만 회사 규칙을 따르고 배우려는 자세와 실행할 의지 정도는 갖추어야 한다. 사람을 상대하는 일이므로 사회생활을 하는 데에도 장애가 없어야 한다. 세일즈 활동에 전념하려면 가족의 이해도 필요하고, 출퇴근 거리와 같은 환경 요인도 중요하다. 후보자를 발굴하는 데 특별한 기술이나 방법은 없지만 후보자와 영업조직에 도움을 준다는 믿음은 필요하다.

리크루팅 후보자를 발굴하는 방법은 두 가지다. 영업관리자가 직접 발굴하는 방법과 영업인 추천으로 발굴하는 방법이다. 영업관리자가 직접 리크루팅 대상자를 발굴하려면 명단 작성부터 해야 한다.

3장에 있었던 가망고객 명단 작성 원칙을 기억하는가? 리크루팅 후보자 명단을 작성할 때도 마찬가지다. 다음의 네 가지가 원칙이다. ① 리크루팅 후보자 이름을 수첩에 최대한 많이 적고 ② 명단을 적기 전 지레짐작으로 제외하는 사람이 없어야 하며 ③ 명단에 있는 사람은 모두 접근을 시도하고 ④ 날마다 그 수를 늘려나간다.

명단 작성을 끝내면 즉시 리크루팅할 후보, 조금 더 만나며 신뢰를 쌓을 후보 등으로 분류하여 끊임없이 연락하고 만나야 한다. 물론 후보자가 많다고, 한 번 만났다고 모두 리크루팅되지는 않는다.

영업인 추천으로 후보자를 발굴하는 것은 여러모로 가장 확실하고 검증된 방법이다. 영업인이야말로 주변 사람을 많이 만나므로 일할 기회를 주고 싶은 사람이 누구인지 잘 안다. 어떤 사람이 세일즈하기에 적합한지도 잘 안다. 주의할 점은 영업관리자가 자신의 리크루팅 목적만을 앞세워서는 안 된다는 사실이다. 영업인의 주 업무는 세일즈 활동이므로 조직을 위해, 후보자를 위해, 그리고 자신을 위해 리크루팅한다는 마음을 갖도록 강조하고 독려해야 한다.

정보 제공과
탐색을 위한 만남

리크루팅은 사람을 움직이는 일이다. 조직에서 원하는 사람을 움직이게 하려면 오랫동안 관찰하여 때를 놓치지 말아야 한다. 영업관리자가 리크루팅을 위해 탐색하는 동안 후보자도 자신을 성장시켜 줄 사람이 누구인지 탐색한다.

리크루팅 후보자를 만나는 일은 단순한 만남이 아니다. 영업인이 되면 어떤 일을 하는지, 무엇이 좋은지 정보를 제공하면서 리크루팅 가능성을 탐색하는 기회다. 후보자나 영업관리자, 추천인까지 연결되어 있으므로 귀한 손님을 맞는 자세로 헛된 시간이 되지 않도록 사전에 조직 소개와 업무 관련 자료를 충분히 준비해야 한다.

후보자는 심리적으로 호기심과 함께 불안감을 느낄 수 있으므로 편안한 분위기를 조성하여 부담을 덜어주어야 한다. 후보자를 존중하되 자신감을 보여야 좋은 반응을 얻는다. 또한 열정적이고 성실한 자세로 후보자가 보이는 반응과 진의를 파악하여 대처해야 한다. 리크루팅에 실패할 상황까지 고려해야 한다. 함께 일하지 못하더라도 취급하는 제품이나 서비스, 그리고 그것을 판매하는 일, 추천한 영업인과 영업관리자에게 호감을 갖도록 해야 한다.

리크루팅 상담을 할 때 후보자의 심리는 [표 5-2]와 같다. 후보자가 느낄 감정과 욕구를 잘 이해하면 좀 더 나은 결과를 얻을 수 있다.

[표 5-2] 리크루팅 후보자 심리

호기심	• 내 일을 찾고 싶다. → 사회생활 참여, 성취감, 건강관리 등 • 경제적 여유를 갖고 싶다. → 여유로운 생활, 노후 자금 마련 등 • 지금 하는 일과는 다른 일을 하고 싶다. → 전직 희망 • 권유에 대한 고려 → 성실한 사람이 권유하는데 들어보자.
불안감	• 세일즈는 자신이 없다. → 남한테 아쉬운 소리 하기 싫고, 말재주도 없다. • 세일즈는 사회적 평판이 좋지 않고 가족의 반대도 걱정이다. • 못하면 소득도 없고 손해만 보는 것 같다.

호기심은 좋은 반응이다. 정확한 정보만 제공하면 해결할 수 있다. 반면 불안감은 한 번에 해소하기 힘들다. 제대로 된 증거를 보여주며 신중하게 대응해야 한다. 후보자의 불안 심리와 장애물은 질문과 경청으로 파악한다. 상황에 맞는 대화와 설명, 근거 자료 제시, 그리고 기존 영업인이 경험한 이야기를 활용하여 후보자의 불안감을 해소하고 호기심으로 전환되도록 유도한다. 이를 위해 기존 영업인이 어떻게 활동하는지, 어느 정도 소득을 올리는지 알려주고 각종 매체 자료도 활용하면 효과적이다.

후보자는 '이런 점이 궁금해요' 혹은 '불안해요' 하고 직접 말하기보다 타인이 경험한 사례를 들거나 다른 말로 돌려서 거절 의사를 표현하기도 한다. 사람은 자신이 무엇을 원하는지 알지 못할 때가 있고, 원하는 것도 말로 표현하지 못할 때가 있다. 또 자신이 왜 그런 행동을 하는지 제대로 설명하지 못할 때도 있으므로 후보자가 한 말에 바로 '그건 아니다'라고 반응해서는 안 된다. 후보자가 거절 의사를 밝히면 그렇게 생각할 수 있다고 공감한 후 그렇게 생각하는 이유를 정중하게 물어본다. 후보자가 이유를 말하면 이유가 정말인지 혹은 다른 이유가 있는지 경청과 관찰로 파악하고 대응한다.

이 부분에서 다시 한 번 강조한다. 질문이다. 다음 사례에서 질문을 언제 하고, 어떻게 활용했는지 주의 깊게 읽어보기 바란다.

후보자 저는 아는 사람이 별로 없어서 못할 것 같아요.

관리자 아는 사람이 많아야 세일즈를 잘할 수 있다고 생각하시는 거죠?

후보자 그렇죠. 장사를 해도 그렇고, 세일즈는 더더욱 아는 사람이 많아야 하지 않나요?

관리자 네, 말씀하신 대로 세일즈는 사람을 만나야 하는 일이니 충분히 그렇게 생각하실 수 있습니다. 그럼 한 가지 여쭤보겠습니다. 세일즈는 아는 사람이 많아야 잘할 수 있을까요, 아니면 사람을 많이 만나야 잘할 수 있을까요?

후보자 글쎄요, 아무래도 둘 다 중요하겠죠.

관리자 맞습니다. 둘 다 중요합니다. 예를 들어 장사를 시작할 때 자본금이 많으면 처음에 덜 고생하는 것이 사실입니다. 하지만 시간이 흐르면서 결국에는 누가 더 노력하느냐에 따라 성공이 판가름 납니다. 세일즈는 아는 사람이 많고 적음보다는 고객을 어떻게 대하고 어떻게 관계를 맺어나가는지가 더 중요합니다. 또 제가 하는 일이 바로 후보자님처럼 일할 의지가 있는 분들이 성공하실 수 있도록 고객을 늘려가는 방법을 알려드리는 것이고, 회사에서도 여러 가지 지원을 해드리기 때문에 걱정하지 않으셔도 됩니다.

리크루팅은 매출과 함께 조직을 굴리는 바퀴다. 두 바퀴가 튼튼할수록 조직은 성장하고 소속된 영업인에게 소득을 보장해준다.

리크루팅의 완성은
정착이다

07

신인 영업인이 정착하면 조직 전체의 분위기가 살아난다. 분위기가 좋으면 새로운 신인을 추천하는 문화가 저절로 형성되고 이 조직에 오면 성공한다는 입소문 효과도 있다. 추천한 영업인은 보람을 느끼고 또다시 신인을 추천하고 싶어진다.

신인은 누구나 '잘하고 싶은 마음'과 '잘할 수 있을지 알 수 없는 두려움'이 있다. 관리자는 이런 마음을 헤아려서 신인이 자신감으로 홀로서기를 할 때까지 지원해주어야 한다. 해당 분야 세일즈 경력이 있느냐 없느냐에 따라 자리를 잡는 기간이 조금씩 다르지만 세심하게 관찰하여 새로운 조직에서 뿌리를 내릴 수 있도록 배려해야 한다. 신인 영업인의 정착을 도우려면 관리자는 다음 사항을 실천해야 한다.

첫째, 신인 영업인과 자주 의사소통을 하라. 1:1 대화 시간을 마련하고 신인 영업인이 속내를 털어놓고 이야기하도록 한다. 가족 관계는 어떤지, 최대 관심사는 무엇인지, 세일즈를 하며 이루고자 하는 꿈은 무엇인지 등등 개인적인 이야기를 함께 나눈다. 영업관리자는 이런 대화를 참고하여 개인별로 주의를 기울여 관리해야 한다. [표 5-3]과 같이 신인 영업인 인사 카드를 만들어 관리하면 효과적이다.

[표 5-3] 신인 영업인 인사 카드

나를 소개합니다			
이름		전화번호	
실제 생일		결혼기념일	
좋아하는 것 (취미)		잘하는 것 (특기)	사진
가장 싫어하는 것		받고 싶은 선물	
생활신조		에너지原	
이루고 싶은 비전, 목표			

가족 관계	성명	연령	실제 생일	좋아하는 것

둘째, 입사 초기의 교육에 집중하라. 입사 초기 교육이 중요하다. 초기 교육에서는 영업인이 갖추어야 할 자세나 태도를 교육하여 자신감과 책임감을 불어넣어야 한다. 소속 회사가 사회에서 어느 정도 위치에 있는지, 미래의 발전한 모습은 어떨지 이야기하며 자긍심을 심어주는 교육이 필요하다. 한 번의 교육으로 세일즈에 필요한 모든 내용을 익힐 수는 없다. 제품이나 직무 관련 지식은 물론 판매와 리크루팅 방법도 반복해야 한다.

셋째, 활동 기반을 확보하도록 적극 지원하라. 신인 영업인 대부분은 지인을 대상으로 세일즈를 시작하지만 갈수록 활동 대상이 없어지면서 불안감을 느낀다. 관리자는 신인 영업인에게 가망고객 확보 방법을 알려주는 한편, 기존 고객 데이터를 제공하여 활동 기반을 넓히도록 지원해야 한다. 지인을 활용하여 활동을 시작하되 미처 발굴하지 못한 지인을 더 찾아내도록 한다. 세일즈를 처음 시작할 때 작성한 가망고객 명단을 보며 상담한 사람과 하지 않은 사람을 구분하고 추가로 연관된 지인을 적도록 하면 쉽게 찾아낼 수 있다. 이어서 주변 사람들에게 하는 일을 소개하고 그들로부터 지인을 소개받는 방법으로 새로운 가망고객을 발굴하도록 한다.

어느 정도 세일즈에 자신감이 생기고 고객응대 역량이 향상되면 모르는 사람을 직접 찾아 나서는 개척 활동을 병행하도록 유도한다. 이때는 신인 영업인 혼자 내보내기보다는 영업관리자나 기존 영업인과 팀을 만들어 활동하도록 한다. 전혀 모르는 사람을 상대로 세일즈 활동을 해야 하므로 미리 개척할 지역의 정보를 파악해야 하며, 속성에 따라 요일과 시간을 정하고 개척 방법을 학습한 후 활동하도록 지도한다. 모르는 사람의 반응에 대처하는 방법을 미리 역할연기로 경험하도록 해서 자신감을 잃지 않도록 해야 한다.

넷째, 신인 영업인을 수용하는 분위기를 조성하라. 새로운 조직에 들어와서 일을 하면 누구라도 어색하다. 세일즈나 조직생활을 처음 하는 사람은 출입조차 낯설고 조심스럽다. 영업관리자는 물론 전체 영업인이 따뜻한 관심을 보이며 가족 같은 분위기를 조성해야 한다. 신인 영업인들로만 팀을 구성하여 애로 사항을 듣고 필요한 교육을 하는 방법도 좋다.

다섯째, 소득관리는 빈틈없이 하라. 일을 하는 가장 큰 이유는 소득이다. 신인 영업인은 아직 성과가 많지 않고 누적된 실적도 없으므로 소득 보장을 위해 초기에 회사 차원에서 지원하는 제도가 있다. 관리자는 신인 영업인이 이런 혜택을 받아 편안한 상태에서 일하도록 빈틈없이 챙겨야 한다. 영업조직마다 이런 제도는 천차만별이다. 아예 없는 회사도 있다. 지원이 없는 회사일수록 관리자는 세심하게 소득관리를 해야 한다. 돈 벌러 왔는데 돈을 못 벌면 그만두지 않겠는가. 소득 모델을 제시하여 목표를 설정하게 하고, 수수료 체계를 제대로 이해할 수 있도록 알려주며 활동일지를 작성하도록 유도하여 만족할 만한 소득을 얻도록 지원해야 한다.

08

기본이 충실한 조직을
만들어라

영업인 개인의 발전과 성장 없이는 회사의 발전도 기대할 수 없다. 영업인은 영업관리자의 눈높이만큼 성장한다는 말이 있다. 영업인의 성공에 관리자의 역할이 그만큼 중요하다는 뜻이다. 영업관리자는 영업인의 성격, 환경, 일하는 태도, 성과 따위를 잘 파악하여 전체 조직 테두리 안에서 조화를 이루고 함께 발전하도록 도와야 한다. 의욕과 사기를 북돋아주고 지식과 체험을 공유할 때 영업인은 현장에서 영업력을 제대로 펼칠 수 있다.

영업조직은 씨줄과 날줄이 얽혀서 이루어진 모습이다. 씨줄은 회사다. 영업인을 모집하여 제품과 서비스를 판매하고 이익을 내야 한다. 날줄은 영업인이다. 본인이 원하는 소득과 사회 활동을 얻고자 한다. 회사와 영업인 모두 목적을 달성하려면 두 줄이 조화를 이루되 원칙이 있어야 하며, 그것을 지키려는 의지도 중요하다. 이를 위해 영업관리자는 ① 일관성 있게 원칙을 지키고 ② 전체를 아우르는 균형 감각을 갖추어 ③ 빠짐없이 늘 확인하는 자세로 ④ 전 영업인을 이해하고 배려하는 감수성을 발휘하며 ⑤ 진심을 다하여 영업인을 관리해야 한다.

세일즈의 출발은 출근관리부터

출근은 활동을 시작하는 기본 중의 기본이다. 전 영업인에게 출근이 왜 중요한지 강조하고 일관성 있게 관리해야 한다. 많은 사람이 영업직은 시간 활용이 자유롭다고 생각한다. 리크루팅을 할 때 이를 강조하기도 한다. 시간 활용이 자유롭다는 뜻은 본인의 소득과 활동 목표를 달성하기 위해 시간 조절이 가능하다는 뜻이다. '주 52시간', '월요일부터 금요일까지 활동'처럼 제한하지 않고 탄력 있게 시간을 활용할 수 있다. 만약 개인적인 일로 활동 시간이 적었다면 다음 날 바로 부족했던 시간만큼 활동 시간을 늘려야 한다. 자유로움은 세일즈를 해야 할 시간에 놀아도 된다는 뜻이 아니다. 영업인은 시간제 일을 하는 아르바이트 인력이 아니다.

영업인이 정시에 출근해야 하는 것은 나름 중요한 이유가 있기 때문이다. 표준 활동 습관을 익히고, 정보를 공유하고, 관리자와 영업인이 자연스럽게 의사소통을 하기 위함이다. 출근은 장사를 하는 사람이 제시간에 문을 여는 것과 같다. 개인 점포가 모여 있는 상가에서도 시간을 정해서 다 같이 문을 열도록 한다. 조직은 '나 혼자'만을 위해 운영되지 않는다. 다른 영업인도 각자 상황이 있으므로 규칙에 따라 정한 시간에 출근을 해야 한다. 같은 시간에 영업 관련 정보나 제품 정보를 공유하고 영업 방향이나 전략을 수립하기도 한다. 또 영업인으로 하여금 '그래, 열심히 해보자'는 마음이 우러나오게 해서 고객 방문량과 활동 시간을 늘리고 그 결과로 성과 향상이 가능하기 때문이다. 출근해서 정보를 공유하고 개인 활동 후 정리로 이어지는 표준 활동 습관은 영업에서 기본이다.

결근이 잦으면 정보를 제때 얻지 못할뿐더러 활동 부진과 실적 부진으로 이어진다는 사실을 강조해야 한다. 출근을 독려하고, 출근 시간을 잘 지켰을 때에는 걸맞은 보상을 한다. 활동 대상과 방법을 알려주는 것은 기본이며, 관리자가 함께 현장에 나가서 활동을 지원하면 조직은 활발하게 움직인다.

아침 회의는 자동차에 시동을 거는 것과 같다. 목적지가 정해지고 연료가 가득하더라도 시동을 걸지 않으면 움직이지 않는다. 영업인이 의욕을 가지고 지속적인 활동과 자기관리를 하도록 동기를 부여하는 중요한 일정이다. 관리자는 영업인의 소득 향상에 도움이 되는 내용으로 아침 회의를 준비하여 거르지 말고 주관해야 한다. 그리고 시작하는 시간과 끝나는 시간을 잘 지켜야 일정에 차질이 없다.

관리자는 아침 회의에서 무엇을 이야기할지 늘 고민해야 한다. 준비 없이 즉흥적으로 해서는 시간만 낭비할 뿐이다. 회의 프로그램을 미리 짜놓아야 내실 있는 교육이 가능하다. 효과 있는 아침 회의를 위한 프로그램 구성을 정리하면 [표 5-4]와 같다. 특별한 상황이 아닌 이상 요일별로 주제를 바꿔가며 진행한다.

[표 5-4] 아침 회의 구성안

분위기 조성		경쾌한 음악, 체조 등
주제 전달	정보 제공	공지 사항 전달, 일정 공유 등
	핵심 교육	신제품 교육, 판매 기법 교육 등
	동기부여	칭찬, 격려, 활동 의욕 고취 등
마무리		팀 회의 연결 혹은 개별 면담, 활동

요일별 회의 주제는 다음과 같은 패턴이 가장 일반적이고 바람직하다.

- 월요일: 동기부여
- 화요일: 제품 교육
- 수요일: 판매 기법
- 목요일: 제품 교육
- 금요일: 활동 정리

09

긍정 에너지를 끌어내는
감성 리더십

　　영업인은 회사에 소속되어 일을 하지만 사실 고객을 발굴하고 상담하고 마무리까지 혼자 감당하는 개인 사업자와 같다. 관리자가 도와준다지만 한계가 있다. 대부분 영업인 혼자 힘으로 고객을 대한다. 그러므로 영업인은 고객의 반응에 따라 에너지가 충전되기도 하고 방전되기도 한다. 관리자는 상처 입은 영업인의 마음을 어루만지고 쓰다듬어 방전된 에너지를 채워주어야 한다. 감성 리더십은 조직에서 '다시 한 번 해보자'는 열정을 불러일으킨다. 설득으로 불가능한 일을 가능하도록 최선을 다해야 한다.

　물감

　　　　　　　　　　　　김정수

물통 속 번져가는 물감처럼

아주 서서히 아주 우아하게

넌 나의 마음을

너의 색으로 바꿔버렸다

너의 색으로 변해버린 나는

다시는 무색으로 돌아갈 수 없었다

넌 그렇게 나의 마음을

너의 색으로 바꿔버렸다

영업인의 마음이 물감 번지듯 자연스럽게 관리자의 색으로 바뀌면 조직은 성장한다. 그러므로 관리자는 감성 지능을 개발하기 위한 노력을 게을리하면 안 된다. 감성 리더십은 일회성으로 반짝 시도해보는 정도로는 효과를 볼 수 없다. 4단계로 나누어 영업인에게 맞게 발휘해야 한다. 단계별 방법은 다음과 같다.

1단계_ 감정 인지와 표현 조절: 자신이 현재 어떤 감정인지를 알고 이를 조절해야 한다. 극심한 스트레스 상황이라면 감정 상태를 인지하지 못하고 자신도 모르게 심한 말을 해서 영업인에게 상처를 주기도 한다. 분노 상황에서 자신이 분노한 상태라는 사실을 인지하기만 해도 감정 표현을 자제할 수 있다. 사소한 언행과 감정 표현은 영업인의 감정과 조직 분위기에 많은 영향을 끼친다. 관리자는 감정을 조절하고 평정심을 발휘하여 좋은 분위기가 지속되도록 항상 노력해야 한다.

2단계_ 신의와 존중 표현: 영업인에게 진심으로 신의와 존중을 표현한다. 영업인의 인격을 존중하며 항상 밝은 표정으로 맞이한다. 관리자와 영업인이 잘 아는 사이라도 말은 가려서 해야 한다. 친하고 허물없는 사이가 조직관리에는 장애가 되기도 한다. 공식 호칭이 있는데도 '야', '너', '동생' 하면 옳지 않다. 사석에서 편하게 지내더라도 조직의 규칙이나 실적 평가를 전달할 때는 관리자라는 직급에 맞게 행동해야 한다. 이때 그동안 격의 없이 편하게 지내던 영업인은 관리자의 태도에 '어, 갑자기 왜 저러지? 관리자라고 티 내는 건가?' 하고 오해할 수 있다. 이런 오해는 조직 전체를 이끌어가는 데 방해가 된다. 관리자와 영업인은 조직이 정한 규칙을 공유하며 함께 가는 동반자라는 사실을 명확히 이해해야 한다. 평소에 공과 사를 구별하는 태도를 지켜야 영업인도 무리한 요구를 하지 않는다.

3단계_ 개인별 감성 쓰다듬기: 영업인 개인 특성에 맞는 감성 쓰다듬기를 생활화한다. 칭찬하고, 배려하고, 같이 아파하고, 어려움에 공감하는 맞춤형 감성 쓰다듬기는 영업인으로 하여금 사랑받고 있다고, 인정받고 있다고 느끼게 한다. 영업인이 작성한 [표 5-3] 신인 영업인 인사 카드 자료를 참고하고 활동일지 기록 사항을 세심하게 살펴서 집안 대소사를 챙겨주고 잘한 일을 칭찬하면 영업인은 감동

한다. 노트에 영업인별 특성과 칭찬거리를 적어서 활용하면 좋다.

4단계_ 집단 감성문화 형성: 관리자가 솔선수범하여 감성문화가 조직 전체에 퍼지면 서로 돕고 배려하는 분위기를 만들 수 있다. 이런 조직문화에서는 영업인이 오래 일하고 싶어 한다. 다음 글에서 갤럽 조사 결과와 콜센터 서비스 기업 사례를 읽으면 감성문화 형성이 얼마나 중요한지 알 수 있다.

논리와 이론으로 설명하기보다 감성을 건드리는 한마디가 영업인의 마음을 더 잘 움직일 수 있다. 관리자는 물론이고 영업인끼리 감성 리더십 4단계를 실천하면 조직 분위기가 좋아지고 세일즈 목표를 어렵지 않게 달성한다.

10

성과를 높이는
감성 리더십

영업 분야 전문 컨설턴트인 토니 루티글리아노와 벤슨 스미스가 쓴《최고 판매를 달성하는 강점 혁명》에는 갤럽이 몇 년간 여러 회사를 대상으로 직원들의 태도를 조사한 결과가 나온다. 봉급 체계부터 주차장 넓이에 이르기까지 직원들이 어떻게 느끼는지 평가했다. 100만 명에 달하는 근로자에게 100가지 이상을 질문하여 대답을 평가했는데, 실적 평가에 영향을 끼치는 요인은 오직 열두 가지였다.

01. 회사가 나에게 기대하는 것이 무엇인지 알고 있다.

02. 일을 적절히 수행하는 데 필요한 물건이나 장비를 갖추고 있다.

03. 매일 내가 가장 잘하는 일을 할 기회가 있다.

04. 최근 7일 동안 나는 인정받거나 칭찬받은 적이 있다.

05. 상사나 혹은 회사의 누군가가 나에게 개인적인 관심을 가져준다.

06. 나의 발전을 격려해주는 사람이 직장에 있다.

07. 회사는 나의 의견을 중요하게 생각한다.

08. 내가 맡고 있는 일은 회사에서 중요한 일이다.

09. 직장 동료들도 역시 일에 헌신적이다.

10. 직장에 친한 친구가 있다.

11. 최근 6개월 이내에 회사의 누군가가 내가 발전하고 있다고 말한 적이 있다.

12. 지난해 나는 이 직장에서 성장할 수 있었다.

기대, 인정, 칭찬, 관심, 친구, 발전, 성장 같은 감성 요인만이 실적 평가에 영향을 미쳤다. 다른 보상은 언급이 없다. 뜻밖이다. 다음의 실제 사례를 보면 분명해진다.

콜센터 서비스직은 높은 이직률로 유명하다. 구인 관련 비용으로 어마어마한 금액이 빠져나가니 골칫거리가 아닐 수 없다. 이 콜센터 업계의 애플트리 앤서스라는 기업도 이직률이 97%에 달했다. 해결 책이 필요했던 관리자들은 궁리 끝에 '드림 온Dream on'이라는 프로 그램을 도입하여 직원들이 각자의 삶에서 가장 많이 바라지만 절대 얻지 못한다고 믿는 것을 써 내도록 했다. 비밀리에 조직된 위원회 가 그 꿈을 하나씩 실현시켰다. 그렇게 실현된 꿈은 중병을 앓고 있 는 남편이 가장 좋아하는 미식축구 팀 경기를 관람하는 것에서, 딸을 위한 특별한 생일 파티를 준비하도록 도와주는 것까지 참으로 다양 했다.

그 프로그램을 도입하면서 조직문화는 놀라운 속도로 바뀌었다. 직원들이 동료를 위해 대신 드림 온 신청서를 제출하고, 더 나아가 서로 도울 방법을 찾기 시작했다. 97%였던 직원 이직률은 6개월 뒤 33%까지 떨어졌다. 이직률이 낮다는 사실은 직원들이 회사에 더 오래 다니면서 가까운 관계를 맺는다는 뜻이었다. 얼마 지나지 않아 회사 분기별 수익은 2분기 연속 사상 최대치를 기록했다.

이 사례는 제프 콜빈이 쓴《인간은 과소평가되었다》에 나오는 이야기다. 집단 감성문화 형성이 어떻게 조직문화를 바꾸고 성과로 이어지는지 잘 보여주는 사례다.

영업조직 관리자는 어떻게 영업인의 감성을 자극하고, 집단 감성문화를 형성하여 조직 성과를 이끌어낼까? 몇 가지를 간추려보면 [표 5-5] 감성 리더십 실천 사례와 같다.

[표 5-5] 감성 리더십 실천 사례

항목	사례
가족 기념일 챙기기	결혼기념일, 배우자 생일, 자녀 생일, 입학과 졸업 시 관리자 자필 편지와 함께 작은 선물 보내기(모바일 상품권, 단체 구매 제품은 지양)
봉사 활동	월 1회 양로원 봉사 활동으로 단합과 노후 준비 인식 제고(감사하는 마음과 일하는 분위기 조성, 자녀 동반도 허용)
조직 활성화	• 연말 행사: 1년간 조직 행사 되돌아보기, 리더십 특강, 새해 목표 수립(관리자도 몰랐던 영업인들의 소망을 찾아냄) • 분기 행사: 팀 단위 원칙을 정하고 실행, 점검

관리자가 전체 영업인 모두에 대한 관찰 노트를 마련하여 개인별로 각각 특이 사항과 칭찬거리 등을 기록해 활용하면 더 큰 효과를 볼 수 있다.

11

일찬백동一讚百動하는
칭찬을 하라

　'칭찬은 고래도 춤추게 한다'는 말이 있듯이 칭찬을 마다할 사람
은 없다. 동기를 부여하고 자신감을 높이는 데 칭찬만한 약도 없다.
반면 칭찬을 잘못하면 부작용을 일으킨다는 사실을 알아야 한다. 칭
찬 속에서 빠져나오지 못하는 칭찬 중독자가 있기 때문이다. 이들은
칭찬 바라기로 칭찬을 받지 못하면 불안해한다. 심지어 칭찬을 받으
려고 잘할 수 있는 일만 되풀이하고 사소한 실패나 꾸지람에도 민감
하게 반응하는 강박증을 보인다. 이런 부작용이 발생하는 이유는 잘
못된 칭찬 때문이다.

　칭찬을 자주 할수록 좋다지만 남발할 경우 효과가 떨어진다. 칭
찬을 하는 방법에도 주의해야 한다. '3무無 3식式' 칭찬은 금물이다.
'성의 없이 형식적으로 하는 칭찬', '내용 없이 가식적으로 하는 칭
찬', '선의가 없고 불순한 의도로 의식적으로 하는 칭찬'은 자존감을

끌어내린다.

진실한 칭찬은 열심히 활동하면 자기만족과 함께 관리자에게 인정과 지원을 받는다는 믿음을 갖게 한다. 칭찬은 사적인 칭찬과 함께 세일즈 활동과 관련 있는 칭찬을 하면 좋은데, 다음 세 가지를 특히 고려해야 한다.

첫째, 늘 같은 칭찬은 피해야 한다. 칭찬을 하려면 진정성을 갖고 세심하게 지속적으로 관찰해야 한다. 큰 영업조직을 운영하던 한 관리자는 영업인 한명 한명마다 노트를 만들어 칭찬거리를 기록했다. 생각이란 것이 다른 일을 하다 보면 어느 틈엔가 까먹을 수도 있기 때문에 메모로 차곡차곡 정리해둔 것이다. 칭찬도 아는 만큼 보인다고, 처음에는 어색했지만 찾으려고 하니 보이더라는 말도 덧붙였다. 영업인마다 특별한 점을 기록해두었다가 칭찬을 했더니 같은 칭찬을 반복하지 않았고 칭찬하는 기술도 늘었다. 영업인도 처음에는 어색해하더니 나중에는 "와, 바쁘신 중에도 제가 듣고 싶은 말을 콕 짚어 해주시니 감동이 백배입니다. 힘 받아서 더 잘하겠습니다"라는 반응을 보이며 조직 전체에 칭찬하는 문화가 자리 잡았다.

둘째, 과한 칭찬은 피해야 한다. '우리 회사에 없어서는 안 될 최고의 영업인'이라거나 '이제까지 이렇게 세일즈에 탁월한 사람은 없었다'는 식의 과도한 칭찬은 오히려 상대를 부담스럽게 한다. 본인도 인정하는 장점보다는 미처 깨닫지 못한 점을 칭찬받을 때 더 기쁘다. 잘한 일을 칭찬받는 것보다 성장한 사실을 칭찬받을 때 기분이 더 좋다.

셋째, 칭찬은 공정해야 한다. 공개된 자리에서 칭찬할 때는 평판을 고려해야 한다. 동료 영업인들도 인정하는 사람을 칭찬해야지, 원성이 자자한 사람을 칭찬하면 다른 영업인들에게 좌절감을 준다. 고성과 영업인이 본인의 실적만 믿고 조직 분위기를 흐리는 행동을 하는데도 당장 실적이 떨어질까 우려하여 치켜세우면 리더십을 발휘하기 힘들다.

13

중간관리자를 육성하여
함께 가라

아프리카의 코사 족에게는 '빨리 가려면 혼자 가고 멀리 가려면 함께 가라'는 속담이 있다. 상생을 이야기할 때 자주 인용하는 말이다. 영업조직을 관리할 때도 마찬가지다. 관리자는 영업인이 일에 열정을 품도록 사기를 북돋아주어야 한다. 개인별로 소득 목표를 정하고 이를 달성하기 위한 활동 계획을 세워 고성과 영업인으로 육성할 책임이 있다. 그러나 관리자 혼자 조직을 운영하다 보면 틈이 생긴다. 중간관리자인 팀장과 협업해야 놓치는 부분 없이 수월하게 일을 처리할 수 있다.

팀은 전체 조직을 효율성 있게 관리하려고 만든 소단위 조직이다. 팀에서는 관리자를 도와 신인 영업인 리크루팅과 육성, 기존 영업인 활동 지원, 조직 영업 목표 달성과 같은 일을 한다. 이러한 일들을 차질 없이 수행하려면 팀장의 역할이 중요하다. 영업인 중에서 팀장을 세우려면 후보자를 선정하고 양성하는 모든 과정에 특별히 마음을 써야 한다.

가장 먼저 할 일은 팀장 후보 선정이다. 성장 가능성이 있고 다른 영업인에게 귀감이 되는 후보자를 선정해야 한다. 후보자에게 팀장의 역할은 무엇이고 팀장을 하면 어떤 이점이 있는지 수시로 강조하며 동기부여를 하면 당사자도 자연스럽게 도전 의욕이 생긴다. 앞으로 영업조직을 어떻게 키우고 어떤 방향으로 이끌어갈지 팀장 후보자와 의견을 나누고 목표와 계획을 공유하면 팀장으로 승진하고 싶은 마음이 더욱 깊어진다.

두 번째 할 일은 선별한 후보자를 신뢰받는 팀장으로 육성하는 것이다. 의욕이 있더라도 실력이 없으면 팀원에게 인정받지 못한다. 팀원에게 신뢰를 얻고 함께 힘을 합쳐 일하게 하려면 어떻게 행동해야 하는지 반드시 교육해야 한다. 팀장 후보자에게는 고객발굴, 고객상담, 고객관리 같은 세일즈 전 과정은 물론이고 팀원을 잘 관리하도록 리더십도 교육해야 한다. 이론만으로는 부족하다. 현장을 동행하여 관찰하고 부족하거나 실수하는 부분에 대해 적절히 피드백을 주어야 한다.

또한 팀원의 출근관리와 활동관리, 팀 학습회 같은 일을 할 때 권한과 책임을 부여하고 실행하도록 하여 팀의 리더 역할을 해냈다는 성취감을 느끼게 유도해야 한다. 팀원관리를 위해 팀원 개개인의 목표를 어떻게 설정하는지, 활동관리를 어떻게 해야 성과를 높이는지를 이해하고 실천하도록 지도한다. 팀별 주간과 월간 계획은 어떻게 세우는지, 세부 실천 방안은 어떻게 마련하는지, 팀 성과를 높여 목표를 달성하려면 어떻게 해야 하는지를 세세하게 알려주어야 한다.

마지막으로 할 일은 팀장의 권위를 세워주는 것이다. 팀원에 관한 보고는 팀장에게 받아야 팀장의 권위가 선다. 회의를 할 때 공지 사항과 조직 운영 방침을 팀장과 공유하고 팀장의 제안이나 의견을 경청하여 반영하면 팀장은 책임감을 느끼는 동시에 자부심도 생긴다.

관리자는 끊임없이 팀조직을 확대하고 강화하는 일을 해야 한다. 팀조직의 확대는 전체 조직의 전력 강화를 의미한다. 유능한 관리자일수록 팀 수와 팀원 수를 늘려나가며 영업력을 강화한다.

치밀한 성과관리로
조직 목표를 달성하라

리크루팅을 하고, 신인을 교육하고, 중간관리자를 육성하고, 감성 리더십을 발휘하는 이유는 모두 목표를 달성하기 위해서다. 회사가 조직을 통해 목표를 달성하고자 하듯 영업인도 일을 함으로써 목표를 달성하려고 한다. 영업인 한 사람 한 사람이 목표를 달성하고 더 많은 성과를 내면 조직 전체에 도움이 된다.

2장에서 영업인이 어떻게 목표와 계획을 세우는지 상세하게 살펴보았다. 목표와 실행 계획을 명확하게 세우고 종이에 적은 후 날마다 읽으며 성공을 상상하라고 했다. 목표 달성을 위한 계획을 실행하는 과정에서 발생하는 유혹을 어떻게 이겨낼지, 미루는 습관은 어떻게 극복할지도 살펴보았다.

지금부터 살펴볼 성과관리는 영업인이 목표 달성을 위한 계획을 수립하고 실행하는 과정에서 역량을 발휘하도록 영업관리자가 지원하는 활동이다. 이 과정에서 관리자는 영업인과 한 약속을 어기는 실수를 하기도 한다. 경력 있는 영업인이 다른 조직으로 옮기는 경우가 있는데, 이유를 물으면 영업인들은 관리자가 약속을 지키지 않아서라고 한다. 그들이 말하는 약속은 무엇일까? 일을 잘하도록 이런저런 사항을 지원해주겠다고 다짐한 내용을 뜻한다. 영업관리자는 조직의 목표를 달성해야 하는 의무와 함께 영업인의 소득이 보장되도록 지원할 책임이 있다. 영업인은 조직의 목표보다는 개인 소득목표가 먼저다. 이렇게 우선순위가 다르다 보니 영업인이 관리자에게 섭섭함을 느껴 조직을 떠나기도 한다.

또 다른 실수는 고성과 영업인을 편애하는 것이다. 영업인이라면 그 누구든 많은 실적을 내고 싶고 인정받고 싶어 한다. 소득도 중요하지만 관리자의 편애로 사기가 떨어지면 자신을 인정해주는 조직으로 이직하려는 생각을 하기도 한다. 신기하게도 이런 상황이 되면 동종 업계에서 전직 권유를 받는 경우가 많다.

안정된 영업조직은 다양한 속성을 지닌 고객에게 여러 가지 제품을 판매한다. 특정 계층 고객만 상대하거나 특정 제품만 판매한다면 상황 변화에 유연성을 발휘하기 힘들다. 마찬가지로 특정 영업인 실적에 의존하는 조직은 위험하다. 고성과 영업인이 앞으로도 계속 우수한 실적을 낸다고는 아무도 보장할 수 없다. 또 영원히 그 조직에 머물 것이라는 보장도 없다. 따라서 영업관리자는 전체 영업인이 골고루 역량을 충분히 발휘하도록 지원하고 관리해야 한다. 영업조직에서 모든 영업인이 적극 동참하여 함께 목표를 달성하려면 목표를 수립할 때부터 다음과 같은 원칙이 있어야 한다.

첫째, 목표는 일관성을 갖고 수립하며 전체가 공유해야 한다. 목표는 연간 및 월간 단위로 세우는 중장기 목표와 주 단위로 세우는 단기 목표가 있으며, 전월 실적이나 조직별 관리 항목에 따라 분류하여 목표를 수립한다. 이때 조직 내 현상을 정확히 파악하여 목표를 세우고, 수립한 목표는 무슨 일이 있어도 달성하겠다는 자세가 중요하다. 목표를 달성하자고 말만 해서는 안 된다. 영업인 전체가 목표를 명확히 이해해야 하며, 달성하면 무엇이 좋은지, 어떤 결과를 얻는지를 공감하고 도전하도록 해야 한다.

둘째, 영업인별 목표를 확정한다. 영업인 개인에게는 조직 전체의 목표보다 스스로 수립하는 개인 목표가 더 중요하다. 영업인은 자신의 경력이나 능력에 맞는 목표를 세워야 한다. 2장에서 영업인이 목표를 세우는 방법을 자세히 다루었다. 영업인 개인 목표를 달성해야 조직 전체 목표를 달성할 수 있으므로 관리자는 영업인 개인 목표에 많은 신경을 써야 한다. 만일 영업인 개인 목표를 모두 달성한다 해도 전체 목표에 미달할 경우 어떻게 대처할지도 미리 검토해야 한다.

셋째, 목표는 스마트하게 수립한다. 스마트SMART는 명확하고 (Specific), 측정 가능하며(Measurable), 달성 가능하고(Achievable),

이치에 맞고 타당하며(Reasonable), 완료 시간을 정해놓아야(Time Bound) 한다는 뜻으로 각각의 앞 글자를 딴 것이다. 하나씩 풀어보면 우선 목표가 명확해야 한다. 예를 들어 '나는 열심히 일하겠다'보다는 '나는 매일 5시간씩 가망고객을 만나겠다'가 더 명확한 목표다. 목표가 명확해야 실행 계획을 짤 수 있다. 모호하고 막연한 목표는 실현 가능성이 낮다. 두 번째로 성과를 측정할 수 있어야 목표를 달성하기 쉽다. 세일즈 결과는 수치로 측정할 수 있으니 매일, 매주, 매달 목표를 세우고 달성하려 노력해야 한다. 세 번째와 네 번째는 목표의 현실성을 말하는 것인데, 지나치게 높거나 상식적으로 불가능한 목표는 아무 도움도 안 된다. 목표는 현실성이 있어야 동기부여가 된다. 어차피 달성하지도 못할 목표에 최선을 다할 사람은 없다. 마지막으로 기한을 정하지 않은 목표는 사실 목표라고 할 수도 없다. '언젠가는 목표를 달성할 거야'와 같은 막연한 목표는 실행력을 떨어뜨린다. 기한이 정해져 있어야 훨씬 강한 동기가 생긴다. 영업조직은 일의 특성상 매달 혹은 1주일 단위로 목표가 있다. 그것을 반드시 달성하고 넘어가는 의지가 중요하다.

목표 달성을 위한 영업관리자의 행동 지침은 다음과 같다.

1. 비전을 공유한다. 성과를 내고 목표를 달성했을 때 영업인들과 함께 나눌 비전이 명확해야 하고 끊임없이 비전의 중요성을 공유해야 한다.

2. 목표는 잘 보이는 곳에 게시하여 자극을 준다. 책상처럼 잘 보

이는 곳에 게시하여 달성 의지를 자극한다.

3. 실행 일정을 세세히 나누고 점검 단계를 많이 둔다. 목표를 달성하지 못하는 이유는 실행 과정이 명확하지 않기 때문이다. 실행 계획은 세세히 나누어 작성한다. 기간 내에 하면 된다는 생각이 일을 미루게 된다. 이번 주에 해야 할 일보다 오늘 해야 할 일이 중요하고, 오늘 해야 할 일보다 지금 해야 할 일이 더 중요하다. 이렇게 나누어 목표를 수립하고 진행 상황과 문제점을 파악해나가야 하는데, 그렇지 못할 경우 나중에는 감당하기 어렵게 되고 중도에 포기하는 경우도 발생한다.

4. 합의 없이 목표를 임의로 변경하지 않는다. 목표에 미달되거나 본의 아니게 목표를 수정해야 하는 상황이 생기면 영업인과 목표를 재조정할 충분한 공감대가 형성되어야 한다. 그렇지 않으면 영업관리자의 독단적인 행동을 불신하게 되고 더 이상 공동 목표로 인식하지 않는다. 그리고 지난달 달성하지 못한 목표를 이번 달에 추가하여 부담을 가중시키지 않아야 한다.

5. 목표를 달성하기 위해 다양한 방법을 마련한다. 목표 가짓수는 가능한 한 줄이도록 노력하고 달성 우선순위를 분명히 한다.

6. 달성 결과는 신속하고 정확하게 분석하며 결과에 영향을 미친 요인을 파악한다. 목표 달성이나 초과 혹은 미달 시 원인을 분석하고 향후 개선안을 마련한다. 나타난 결과도 중요하지만 과정을 평가하여 같은 실수가 반복되지 않고 향상되도록 방안을 마련한다.

영업관리의 핵심은
활동관리다

국내 유명 판매 대리점의 사장님으로부터 긴히 논의할 일이 있으
니 만나자는 연락이 와서 방문한 적이 있었다.

"직원들이 왜 일을 열심히 안 하는지 이해가 안 돼요. 어떻게 하면
좋을지 걱정이네요. 특별한 상황이라면 그것만 해결하면 되는데 다
른 대리점 사장들도 그게 가장 큰 고민이라네요."

"왜 직원들이 열심히 일을 하지 않는다고 생각하시죠?"

"그거야 당연히 매출이 떨어졌기 때문이죠."

"사장님, 매출이 떨어진 것이 열심히 일을 안 했다는 증거라고 단
정 짓는 근거가 무엇인가요?"

사장님은 당연한 것을 왜 묻느냐는 듯이 나를 쳐다보았다. 그러면
서 자신이 그동안 영업인들에게 어떻게 동기부여를 했는지 이야기
했다.

"제가 아침마다 직접 동기부여 회의를 하고 프로모션도 제시하며 상품 강의 전문 강사도 배치해서 활동을 도왔습니다. 다른 사람에게 피해를 주는 것도 아니고 웰빙을 원하는 고객 니즈에 맞춰 건강과 아름다움을 제공하는 일을 하며 돈을 버는데 왜 자부심들이 없는지 모르겠어요. 특히 경력단절 주부가 자유롭게 일하면서 소득도 올릴 수 있는데 왜 열심히 안 하는지 안타까워요. 저는 어린애들도 키우며 밤낮을 가리지 않고 일하면서 보람을 느끼는데 말이죠."

실제로 표정과 말투에서 자긍심과 열의가 넘쳤다. 여기서 주의해야 한다. 본인 성공담을 신화처럼 수시로 언급하며 "나처럼 해봐라 이렇게"라고 말하는 것은 아이들 놀이에서나 통하는 것이다. 그 방법은 처음 시작하는 영업인에게 자극을 주는 것으로 만족해야 한다. 물론 성실하게 일하여 성공 경험을 따라 하도록 이끄는 것은 바람직하다. 그러나 세일즈 실적을 올려 대리점 사장이 된 사람과 지금 세일즈를 시작하는 사람은 일을 하게 된 동기도 다르고 일하는 상황도 다르다.

물론 일을 선택한 이상 열심히 활동하고 매출 성과를 올려야 하는 것은 당연하다. 일하는 양과 매출은 분명히 연관성이 있다. 그러나 그들이 정말 일이 하고 싶지 않아서 안 하는 것일까? 성과가 올라가면 누구에게 가장 이득이 될까? 바로 영업인 자신이다. 열심히 일하지 않을 리가 없다. 그런데 실적이 저조하면 일을 열심히 안 한다고 탓하고, 프로모션으로 활동을 촉진하려고만 애를 쓴다면 과연 효과가 있을까? 그보다는 영업인이 활발하게 일을 할 수 있는 동기와 환경 요인을 먼저 파악해야 한다.

영업조직 관리는 성과를 향상시키기 위한 활동과 시스템으로 나눌 수 있다. 단순히 목표 달성 여부에만 초점을 맞춘 결과 중심 관리는 결과를 달성하지 못했을 때 원인 분석과 해결 방안에 정보를 제공하지 못한다. 영업인이 현장에서 어떻게 일하는지 그 과정을 체계적으로 파악하기 어렵고, 영업활동에 필요한 지식, 판매 기법, 고객관계 관리 같은 세일즈 기술 등은 습득했는지도 알 수 없다.

반면 영업인의 역량관리에 초점을 맞춘 관리는 영업인의 판매 기법과 능력을 향상시키는 데 집중한다. 영업활동을 정상적으로 하는 방법을 세세히 알려주고 끊임없이 관찰하며 적절한 피드백을 제공한다. 물론 피드백은 단순한 말이 아닌 필요 역량을 습득하기 위한 훈련까지 이어진다.

이러한 관리는 영업인이 활동하는 과정에 세세히 개입함으로써 접촉한 고객 수는 몇 명인지, 접촉 방법은 전화인지 방문인지, 어떤 상담을 했는지, 결과는 어떻게 되었는지를 파악하여 영업 과정을 제대로 이해하고 판단할 수 있다. 영업인은 구매에 어느 정도 영향을 미치지만 결국 결정권은 구매자에게 있기에 대신 결정할 수도, 강요할 수도 없다. 그러나 영업인 스스로 고객을 발굴하고, 끊임없이 상담을 요청하고, 본인의 판매 기법 향상을 위해 노력하는 일들은 얼마든지 조절할 수 있다. 관리자는 이 과정에서 영업인이 올바른 활동 습관을 익히고 스스로 활동을 분석하며 성장하는 데 필요한 역량을 개발하도록 도와주어야 한다.

　관리자가 활동 과정을 관리하면 세일즈의 양과 질을 제대로 파악하여 전체적인 세일즈 수준을 높일 수 있다. 활동관리는 관리자가 주도하는 역량 개발 수단으로 세일즈 성과 향상뿐만 아니라 내면의 심리적 성장도 가능하게 한다.

15

세일즈 활동을
분석하라

활동관리를 제대로 하려면 세일즈에 필요한 지식은 무엇인지, 영업 단계별로 반드시 해야 할 일은 무엇인지 정확히 규정할 필요가 있다. 그런 다음 영업인의 활동을 관찰하며 왜 그런 현상이 발생하는지, 원인은 무엇인지 분석해야 한다. 분석을 토대로 영업인의 상황에 따라 적절한 내용, 방법, 시기를 고려한 맞춤형 지원을 해야 효율과 성과를 높인다. 세일즈는 영업인이 고객을 만나러 가기 전부터 상담 중, 그리고 활동 후까지 일어나는 모든 일을 뜻하지만 크게 다음과 같은 단계로 나눈다. 물론 업종이나 활동 방법에 따라 다르지만 여기서는 방문영업을 다루었다.

고객발굴: 세일즈 대상을 정하고 상담을 위해 만날 시간과 장소를 약속하는 상담 시도까지 포함한다. 가망고객 명단에 적은 사람들 가

운데에서 만날 가능성이 있는 사람으로 판단하는 것까지 고객발굴 활동으로 규정하는데, 이유는 내가 생각한 가망고객이라도 연락이 안 될 수도 있기 때문이다.

고객상담: 고객과 직접 만나서 상담을 하는 단계로, 친숙을 위한 단계와 영업을 진행하는 단계를 포함한다. 초기에는 영업인이 하는 일과 회사 소개처럼 친숙해지는 단계로 시작하여 상담을 위한 정보를 수집한다. 이후 수집한 정보를 토대로 고객에게 적합한 제품이나 서비스를 고른 후 구매를 제안하고 계약을 하는 단계다.

고객관리: 구매나 계약 여부를 떠나 접촉했던 모든 고객과 지속적으로 관계를 유지하는 단계다. 이미 구매한 고객은 추가 구매나 계약을 위해, 혹은 다른 고객을 소개받기 위해 관리한다. 아직 구매하지 않은 고객은 구매나 소개 기회를 엿보기 위해 관계를 유지해가는 단계다.

모든 세일즈가 영업인의 의지나 계획대로 이루어지지는 않는다. 고객과 함께하므로 한 가지 활동이 몇 번에 걸쳐 반복되기도 하고 다음 단계로 진전되지 못한 채 중단되기도 한다. 활동 양상이 다양하게 나타나는 이유다. 이러한 결과를 영업인 스스로 인식하도록 해야 한다. 활동량이나 패턴을 제대로 알기 위해 각 활동 단계별로 활동지표가 정해져야 한다. 한 건의 판매가 성사되기까지 몇 번을 방문해야 하는지, 상품 제안은 통상적으로 몇 번을 해야 계약으로 연결되는지 등등 명확한 지표가 있어야 한다. 물론 영업인 개인 역량이나 고객과의 관계에 따라 확률은 다르지만 일반적인 확률을 기준으로 한다. 이런 표준이 없으면 제대로 측정하기가 어렵다.

한 가지 예를 들어보자. 건강과 몸매 관리를 위해 많은 사람이 다이어트를 한다. 다이어트를 할 때는 현재 체중에 대비하여 목표 체중을 정해놓고 시작한다. 체중 기준은 외형상 살이 쪘는지 안 쪘는지의 여부가 아니라 각자의 신장에 어울리는 체중을 1차 기준으로 삼는다. 이때 적용하는 표준체중은 키 또는 성별에 따라 산출하는데, 대개 키에서 100을 빼거나 100을 뺀 후 0.9를 곱하기도 한다. 이를 표준체중이라 하고, 실제 체중과 표준체중의 차이를 다시 표준체중으로 나누어 백분율로 나타낸 것을 비만도로 표시한다. 여기서 조금 더 체계적으로 관리하기 위해서는 체지방률, 수분율, 근육량, 골격량, 기초대사량, 체질량 지수까지 감안하여 음식이나 운동 등을 곁들인 맞춤관리를 한다.

세일즈도 마찬가지다. 2장에서 소개했던 시간 사용 내역서를 기억하는가? 다시 강조하겠다. 하루 시간 사용에 대해 분석하여 낭비되는 시간을 없애고 영업시간에는 영업활동에만 전념하여 성과를 내도록 해야 한다. 활동 내용도 분석하여 유효한 활동을 하도록 조정해야 한다. 단순히 뚱뚱하니까 살을 빼는 것이 아니라 근육은 강화하고 체지방은 운동과 식이요법으로 조절하여 건강한 몸을 만드는 것이다. 즉, 과학적 관리가 필요하다.

그러나 이러한 활동관리를 언제까지나 관리자가 해줄 수는 없다. 영업인 스스로 활동량이나 패턴을 분석하고, 개선할 사항에 초점을 맞춰 해결책을 찾도록 해야 한다. 그렇게 될 때까지 영업관리자가 도와주어야 하는 것이다. 관리자는 미리 영업인의 활동을 분석하고 있어야 영업인이 초점을 맞추는 데 도움을 줄 수 있다. 이때 무조건 일방적으로 지시해서는 안 된다. 영업인이 관리자의 활동 지원 방식을 수용하고 따름으로써 문제를 해결할 수 있는 역량을 향상시켜 성과를 내도록 해야 한다. 관리자는 영업인에 대한 그 어떤 결과도 함께 책임진다는 사실을 명심해야 한다.

영업인의 활동을 분석하려면 영업인이 기록한 내용을 참고하고 관리자가 직접 활동 현장에 동행하여 판단한다. 다음은 동행으로 판단 가능한 활동 분석 자료다.

1. 고객과 약속하지 않은 상태에서 방문한 경우: 고객이 바쁜 시간대에 방문, 부적당한 상담 장소, 동행자가 있어서 당황함, 기타 상담에 응할 상황이 아님 (직장이나 자택 분위기 등)
2. 친분 관계는 매우 좋으나 영업상담 진행이 안 되는 경우: 사적인 대화 중심으로 영업인이 방문 목적을 밝히지 못함, 경제적 상황을 너무 잘 알아서 구매 촉구를 시도하지 못함
3. 고객 질문에 응대를 못함: 영업 관련 지식(상품과 기타 관련 지식)이 부족하여 적절히 응대하지 못함

4. 기타 상담이나 고객응대 관련 기법 부족, 활동 집중력 부족

다음은 영업인이 작성한 활동 기록으로 판단할 수 있는 자료다.

1. 활동량 부족(고객 수, 상담 계획 등 활동 절대량 부족 혹은 특정 단계별 부족)
2. 단계별 실행 성공률 부족(방문 vs 다음 상담 약속, 제안 및 계약 vs 체결률 등)
3. 특정 활동 집중 현상(친숙 단계만 계속되거나 첫 방문만 계속됨)
4. 특정 고객만 대상으로 집중 활동(고객 한두 명을 대상으로 반복 활동)

[표 5-6] 주간 활동 결과 사례

/ (월)			/ (화)			/ (수)		
고객명	계획	결과	고객명	계획	결과	고객명	계획	결과
김대한	첫 방문	취소	박성실	제안	연기	이영희	친숙방문	친숙
이민국	제안	연기	원대한	첫 방문	친숙	이민국	2차 제안	제안
박성실	제안	제안	최정심	2차 제안	제안	박성실	2차 제안	계약
최정심	2차 제안	취소	이세종	친숙 방문	친숙	이세종	친숙 방문	친숙
			김영국	친숙 방문	연기			

/ (목)			/ (금)		
고객명	계획	결과	고객명	계획	결과
김대한	첫 방문	친숙	박성실	제안	계약
이민국	2차 제안	연기	이민국	2차 제안	연기
최정심	제안	제안	황용숙	친숙 방문	제안
김영국	친숙 방문	친숙	최정심	제안	연기
			공은희	제안	연기

※ 첫 방문: 3(2), 친숙 방문: 6(5), 제안: 13(계약 2)

[그림 5-1] 월간 활동 결과 사례

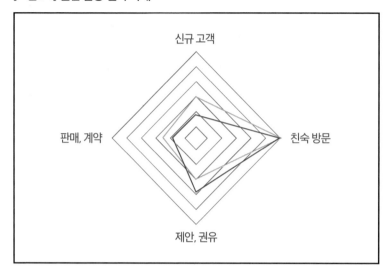

위 사례 중 주간 활동 결과를 보면 무엇이 보이는가? 한 주간 활동만을 봐서는 문제가 무엇인지, 앞으로 영업 결과는 어떨지 예상하기 어렵다. 매일 활동을 기록하고 주 단위로 취합한 후 월간 결과를 분석하면 원인과 개선 방안을 마련할 수 있다.

16

결과가 아니라
과정을 관리하라

　활동관리에서 가장 중요한 점은 활동 과정을 바로잡아주어 올바른 판매 활동 습관을 들이도록 지원하는 일이다. 활동 결과만 관리해서는 안 된다. 관리자는 활동 단계를 직접 봐야 제대로 관리할 수 있다. 그러나 밖에서 하는 활동 전체를 볼 수 없으니 수시로 활동일지를 보며 내용을 검토하는 방법을 병행한다. 활동 결과에 따른 부담은 누구보다 영업인 자신이 가장 크다. 지적이나 추궁보다는 잘못된 결과가 나오지 않도록 사전에 방법을 찾아주어야 한다. 아울러 활동 결과를 분석하여 영업인의 강점과 약점을 발견하고, 앞으로 잘할 수 있도록 지원해야 한다.

　세일즈로 성공하려면 끊임없이 고객을 발굴하여 스스로 시장을 만들어나가고, 고객에게 적합한 서비스를 제공해야 한다. 경험이 쌓이면 이런 활동이 익숙해져서 습관이 되지만 세일즈를 처음 하거나 성과가 부진한 영업인에게는 코칭이 필요하다. 고성과자라 해도 계약 유지가 안 좋거나 취소율이 높으면 판매 과정을 바로잡는 코칭을 해야 한다. 이럴 때 영업인은 코칭을 거부하겠지만 당사자는 물론 조직 전체에 올바른 판매문화를 형성하려면 반드시 해야 한다.

코칭은 활동 계획과 비교하여 실제 활동 여부에 초점을 맞춘다. 활동 계획은 영업인이 스스로 고객과의 약속을 전제로 세웠으니 실행 여부 확인이 중요하다.

1. 활동 계획과 실제 활동 결과를 비교할 때는 상담을 위한 방문 계획과 이를 단계별로 실행했는지 못했는지 여부를 따져보아야 한다. 이때 상담 내용에 따라 다음 단계로 이어가기도 하지만 중단하는 경우도 있다. 여기서는 계획대로 실행했는지 안 했는지가 중요하다.

2. 예정대로 하지 않았다면 이유가 무엇인지 확인한다. 고객의 상황 변화로 상담이 연기되거나 취소되었다면 진짜 이유까지도 찾아내야 한다. 고객 사정 때문이라면 다시 시도하면 되지만 영업인 역량 부족이 이유라면 판매 기법 교육이 필요하다. 만약 거짓으로 계획을 수립했다면 동기부여부터 다시 접근해야 한다.

영업관리자가 오며 가며 "잘되고 있죠?" 혹은 "오늘도 파이팅!" 또는 "요즘 활동이 부진한 것 같아요"라고 건네는 말들은 활동관리가 아니다. 활동관리는 영업인 한 명 한 명을 정성껏 지원하려는 준비에서 시작된다. 관리자가 보는 현황과 영업인이 작성한 활동 기록, 최근에 관찰한 내용을 참고로 영업인과 대화할 내용까지 준비해야 한다.

그런데 관리자는 진정 영업인을 도우려는 마음이 가득하다 해도 성과가 부진한 영업인이나 오랜 경험자는 관리자의 지원이 부담스러울 수도 있다. 영업관리자와 신뢰 관계가 충분히 형성되어 있어야만 코칭을 해도 효과가 있다. 관리자로서 사람도 좋고 실력도 믿을 만하다는 사실을 보여주어야 한다. 신뢰라는 것은 형태도 없고, 갑자기 한순간에 만들 수도 없다. 관리자가 참된 의도로 오랜 기간 성실하게 노력해야 쌓을 수 있다.

활동 코칭은 대부분 활동 계획과 실행에 초점을 맞추고 밝은 이야기로 시작하여 세일즈 결과를 개선할 수 있는 실천 가능한 구체적인 방법을 함께 찾는다. 이어서 잘할 수 있다는 믿음과 지속적으로 지원하겠다는 방향으로 마무리 짓는다. 다음 글은 관리자가 어떤 자세로 영업인을 코칭해야 하는지 잘 보여주고 있다.

가르치는 사람은,

먼저 산정에 올라서서 두 다리 뻗고

산 아래를 향해 두 손을 흔드는 사람이 아니다

그는 산정을 향해서 먼저 출발한 사람이며,

그 과정에서 누구보다도 많은 시행착오를 겪은 사람이며,

그 실수의 경험을 헛되이 하지 않은 사람이며,

그 경험에서 온고지신의 지혜를 닦아내는 사람이다.

17

이론이 아니라
실제 활동을 코칭하라

'열심히 하면 된다', '성실함이 최우선이다'와 같은 믿음으로 세일즈를 시작하는 사람이 많다. 맞는 말이다. 그러나 어떻게 열심히 해야 하는지를 모른 채 무작정 열심히만 하면 지칠 뿐이다. 조직 내에서 동료 영업인의 모습을 관찰하거나 혹은 잘하는 사례를 듣고 스스로 방법을 찾아서 하는 것 역시 쉽지 않은 일이다. 그래서 전문 지식을 가진 팀장이나 관리자와 함께 활동의 질과 양을 높이는 방법을 찾아야 한다. 그래야 세일즈 역량이 향상되고 성과도 높일 수 있다.

세일즈 활동에는 수많은 기법이 정교하게 얽혀 있다. 결과는 '계약'으로 나타나지만 계약이 성사되기까지 고객발굴부터 계약 후 고객과 맺는 관계 유지까지 매 순간순간 보이지 않는 역량이 발휘된다. 세일즈 역량은 고객발굴이나 화법 같은 기술뿐 아니라 고객을 대하는 태도까지 포함한다. 고객과 대면하기 전에는 약속을 요청하는 기법, 첫 방문 시에는 전문가 이미지 형성 기법, 그리고 상담 기법과 고객관리 기법 따위가 있다. 상담 기법도 초기의 관계 형성 기법, 제공하고자 하는 서비스 제안 기법, 계약을 유도하고 마무리 짓는 기법, 계약 유지 기법처럼 단계별로 모두 다르다.

판매 기법 코칭은 바로 활동에 반영하여 성과 향상으로 나타나야 하므로 교육과 훈련으로 이어진다. 교육과 훈련은 영업인 활동 분석 결과에 따라 지원할 부분을 찾아서 영업인에게 필요한 지식과 기법을 중심으로 실행한다. 예를 들어 가망고객은 많이 발굴하는데 실제 상담으로 이어지지 않는다고 단순히 상담 기법만 교육해서는 안 된다. 가망고객 구매력 여부와 함께 상담 시 중점을 둔 범위 등 여러 요인을 알아보아야 한다. 또 계약 시도는 많은데 성공률이 낮으면 역시 고객 구매력과 함께 고객이 원하는 상품이 맞는지, 나아가 영업인의 계약 의지까지 총체적으로 분석하여 필요한 부분을 코칭해야 한다.

영업은 결코 혼자 하는 활동이 아니다. 고객과 발을 맞추어 나가야 한다. 어린아이와 계단을 올라갈 때를 생각해보자. 아이가 어릴 때는 부모가 아이 보폭에 맞춰 한 걸음씩 천천히 올라간다. 그러다 어느 날 훌쩍 큰 아이는 부모 보폭보다 훨씬 큰 폭으로 두 계단씩 성큼성큼 올라간다. 고객은 아직 준비가 안 되어 있는데 영업인 혼자 앞서 나가지는 않는지 확인하도록 관리자가 피드백을 주어야 한다.

그리고 아무리 좋은 상품일지라도 영업인은 상품 가치와 효용을 반드시 설명해주어야 한다. 이때 화법이 필요하다. 화법을 교육할 때는 실제로 시범을 보여야 한다. 예를 들어 "질문으로 고객의 진의를 파악하세요"라고 말하면 경험이 없는 영업인은 어떻게 하라는 것인지 혼란스러워한다. 이럴 때는 "네, 고객님. 제가 드린 제안은 만족스러운데, 매월 납입해야 하는 대금이 조금 부담스럽다는 말씀이신가요?"라고 직접 영업인이 해야 하는 화법과 행동을 시범으로 보여준다.

이렇게 판매 화법을 배우고 익혔다 하더라도 실제 고객과 상담 시에는 상황에 따라 다르게 적용하기도 한다. 일반 상황에서 기본 구조를 익히고자 마련된 지침들이 있지만 고객은 상황에 따라 다르게 반응하므로 영업인도 다르게 대처해야 한다. 이때 관리자는 직접 혹은 간접적인 방법으로 영업인이 배운 대로 하는지, 잘하는 점과 개선할 점은 무엇인지를 관찰하고 파악해야 한다. 첫 번째 관찰 방법은 영업 현장에 나가기 전에 배운 화법을 말해보도록 하는 것이다. 역할연기를 하며 제대로 하고 있는지 확인함과 동시에 할 수 있다는 자신감을 얻는다. 다음은 영업 현장에 같이 나가서 직접 보아야 한다. 동행 후에는 관찰한 내용을 토대로 잘한 점과 개선할 점을 찾아보고 부족한 부분을 보완하는 코칭으로 이어간다.

영업인 활동관리는 교육과 훈련 코칭까지 이어진다. 시간이 많이 필요하다. 영업인의 필요 역량과 상황에 따라 실제 영업 현장에서는 더 많은 시간이 필요할 수도 있다. 이는 관리자가 사전에 충분히 관찰한 후 잘 판단하여 영업인과 조율을 하고, 기법 코칭은 한 번에 개선하기보다는 반복하여 습관이 형성되어야 하므로 영업인이나 관리자 모두 인내심이 필요하다.

영업관리는 일방적인 지시나 목표 할당에 의한 방법보다는 출근부터 귀점까지 모든 과정 속에서 이루어져야 한다. 개별 상황에 따라 정성 어린 조언과 교육으로 활동을 지도하고 좋은 습관을 지니도록 노력할 때 가능하다.

마치 도토리묵처럼

단단한 고요

김선우

마른 잎사귀에 도토리 알 얼굴 부비는 소리 후두둑 뛰어내려 저마다 멍드는 소리 멍석 위에 나란히 잠든 반들거리는 몸 위로 살짝살짝 늦가을 햇볕 발 디디는 소리 먼 길 날아온 늙은 잠자리 체머리 떠는 소리 맷돌 속에서 껍질 타지며 가슴 동당거리는 소리 사그락사그락 고운 뼛가루 저희끼리 소곤대며 어루만져주는 소리 보드랍고 찰진 것들 물속에 가라앉으며 안녕 안녕 가벼운 것들에게 이별 인사하는 소리 아궁이 불 위에서 가슴이 확 열리며 저희끼리 다시 엉기는 소리 식어가며 단단해지며 서로 핥아주는 소리

도마 위에 다갈빛 도토리묵 한 모

모든 소리들이 흘러들어간 뒤에 비로소 생겨난 저 고요
저토록 시끄러운, 저토록 단단한,

묵을 만드는 과정에서 나는 '모든 소리들이 흘러들어간 뒤에 비로소' 도토리묵은 만들어진다. 영업인은 세일즈 과정에서 많은 말을 듣는다. 좋은 말도 있지만 나쁜 말도 많다. 듣기 싫은 말도 있다. 들으면 안 되는 말도 있다. 험담하는 말, 불평하는 말, 상처 주는 말, 자존심 상하는 말, 서운한 말 등이 그것이다.

분명한 것은 영업인이 그 말들을 가슴에 품어야만 한다는 점이다. 받아들이고 속으로 삭여야 한다. 수많은 말이 흘러들어간 뒤에 당신은 비로소 '도마 위에 다갈빛 도토리묵 한 모' 같은 '단단한' 영업인이 된다. 당신의 승리를 빈다.